Jörg Zitzmann

Rechtsbewusstes Handeln
für Industriemeister
Grundlegende Qualifikationen
Band 1

Rechtsbewusstes Handeln für Industriemeister
Grundlegende Qualifikationen
Band 1
Lehrbuch

von

Jörg Zitzmann
Rechtsanwalt, Berufspädagoge,
Industriemeister Fachrichtung Schutz und Sicherheit

5. Auflage 2021

Verlagshaus Zitzmann, Nürnberg

Im Verlagshaus Zitzmann sind erschienen / werden erscheinen:
(Stand 04/2021)

Ausbildereignungsprüfung gem. AEVO:
Ausbildereignungsprüfung Lehrbuch
Ausbildereignungsprüfung Übungsbuch
Gesetzessammlung Ausbildereignungsprüfung gem. AEVO

Industriemeister Grundlegende Qualifikationen:
Gesetzessammlung Industriemeister GQ
Industriemeister Band 1 Rechtsbewusstes Handeln Lehrbuch
Industriemeister Band 2 Betriebswirtschaftliches Handeln Lehrbuch
Industriemeister Band 3 Methoden der Planung Lehrbuch
Industriemeister Band 4 Zusammenarbeit im Betrieb Lehrbuch
Industriemeister Band 5 Naturwissenschaftliche und technische Gesetzmäßigkeiten Lehrbuch
Industriemeister Rechtsbewusstes Handeln – Prüfungsvorbereitung
Industriemeister Betriebswirtschaftliches Handeln – Prüfungsvorbereitung
Industriemeister Kosten- und Leistungsrechnung – Prüfungsvorbereitung
Industriemeister Methoden der Planung – Prüfungsvorbereitung
Industriemeister Zusammenarbeit im Betrieb – Prüfungsvorbereitung
Industriemeister Naturwissenschaftliche und technische Gesetzmäßigkeiten – Prüfungsvorbereitung

Logistikmeister Handlungsspezifische Qualifikationen:
Logistikmeister I. Logistikprozesse Band 1a: Logistikkonzepte, Prozesssteuerung und -optimierung
Logistikmeister I. Logistikprozesse Band 1b: Leistungserstellung
Logistikmeister II. Betriebliche Organisation und Kostenwesen Band 2
Logistikmeister III. Personal und Führung Band 3

Meister für Schutz und Sicherheit Handlungsspezifische Qualifikationen:
Gesetzessammlung Meister für Schutz und Sicherheit HQ
Handlungsspezifische Qualifikationen Schutz- und Sicherheitstechnik
Handlungsspezifische Qualifikationen Organisation
Handlungsspezifische Qualifikationen Führung und Personal
Sonderband: Sicherheitskonzepte

Geprüfte Schutz und Sicherheitskraft:
Gesetzessammlung, Lehrbuch und Prüfungsvorbereitung

Sonstiges:
Arbeitsrecht in der privaten Sicherheit
Detektiv im Einzelhandel
Toto – der nächste Einsatz kommt bestimmt!
Protect you & me – Wie Du sicher durchs Leben gehst und Dich und Deine Freunde schützt

Weitere Titel finden Sie unter www.verlagshaus-zitzmann.de

Weitere Bücher zum Thema Sicherheit sind in Vorbereitung.

Aktuelle Informationen erhalten Sie unter:
Internet: www.verlagshaus-zitzmann.de
Facebook: www.facebook.com/verlagshauszitzmann
Twitter: twitter.com/vh_zitzmann

Jörg Zitzmann, Jahrgang 1967, ist Rechtsanwalt, Berufspädagoge, Industriemeister Fachrichtung Schutz und Sicherheit, Geschäftsführer der nach DIN EN ISO 9001:2015 und AZAV zertifizierten Akademie Mission: Weiterbildung. GmbH in Nürnberg, Dozent bei den Industrie- und Handelskammern Frankfurt am Main und Nürnberg und u. a. Mitglied des Prüfungsausschusses „Meister für Schutz und Sicherheit" bei der IHK Nürnberg.

Bibliographische Informationen der Deutschen Nationalbibliothek:
Die Deutsche Nationalbibliothek verzeichnet diese Publikation in der Deutschen Nationalbibliographie. Detaillierte bibliographische Daten sind im Internet unter http://dnb.d-nb.de abrufbar.

ISBN 978-3-96155-184-2

Haftungsausschluss:

Die Auswahl der Inhalte erfolgte mit großer Sorgfalt. Trotzdem kann nicht ausgeschlossen werden, dass in Prüfungen Inhalte Thema sein können, die nicht in diesem Buch aufgeführt sind. Der Verlag schließt für etwaige daraus resultierende Schäden (Nichtbestehen einer Prüfung o. ä.) hiermit ausdrücklich jede Haftung aus, es sei denn, dass der Schaden aufgrund von Vorsatz oder grober Fahrlässigkeit eingetreten ist.

Sollten Sie Punkte vermissen oder sonstige Anregungen an uns haben, würden wir uns freuen, wenn Sie uns dies mitteilen.

Aufgrund der besseren Lesbarkeit wird in den Texten der Einfachheit halber nur die männliche Form verwendet. Die weibliche und diverse Form ist selbstverständlich immer mit eingeschlossen.

Das Werk einschließlich aller seiner Teile ist urheberrechtlich geschützt. Jede nicht ausdrücklich vom Urheberrechtsgesetz zugelassene Verwertung bedarf der vorherigen Zustimmung des Verlages. Das gilt insbesondere für Vervielfältigungen, Mikroverfilmungen, Übersetzungen und Digitalisierungen zum Einspeichern und Verarbeiten in elektronischen Systemen.

© 2021 Verlagshaus Zitzmann
Jörg Zitzmann, Äußere Sulzbacher Str. 37, 90491 Nürnberg
www.verlagshaus-zitzmann.de
info@verlagshaus-zitzmann.de
Telefon 0911–20555944

Lektorat: Hanno S. Ritter
Satz & Layout: Ingrid Lehmann
Umschlagmotiv: © www.foto-und-mehr.de
Druck und Bindung: D.O.S. Document Office Solutions GmbH, Tutzing
Gedruckt in Deutschland

Inhaltsverzeichnis

Vorwort zur 5. Auflage 9
Erklärung von Zeichen 10
Einführung 11

1 Arbeitsrecht 13

1.1 Rechtsgrundlagen 13
1.2 Wesen und Zustandekommen des Arbeitsvertrags 17
1.3 Rechte und Pflichten aus dem Arbeitsverhältnis 30
1.4 Beendigung von Arbeitsverhältnissen und die daraus folgenden gegenseitigen Rechte und Pflichten 35
1.5 Geltungsbereich und Rechtswirksamkeit von Tarifverträgen 46
1.6 Rechtliche Rahmenbedingungen von Arbeitskämpfen 49

2 Betriebsverfassungsgesetz / Personalvertretungsrecht 51

2.1 Rechte und Pflichten des Betriebsrats aus dem BetrVG 51
2.2 Aufgaben und Stellung des Betriebsrats und das Wahlverfahren .. 54
2.3 Grundlagen der Arbeitsgerichtsbarkeit 58
2.4 Grundzüge der Sozialgerichtsbarkeit 62

3 Sozialversicherungsrecht 64

3.1 Grundlagen der Sozialversicherung 64
3.2 Krankenversicherung 67
3.3 Pflegeversicherung 69
3.4 Rentenversicherung 70
3.5 Arbeitslosenversicherung 71
3.6 Ziele und Aufgaben der Arbeitsförderung, § 1 SGB III 73
3.7 Unfallversicherung 74

4 Arbeitsschutz- und arbeitssicherheitsrechtliche Vorschriften und Bestimmungen 77

4.1 Ziele und Aufgaben des Arbeitsschutzrechtes und des Arbeitssicherheitsrechtes 77
4.2 Verantwortung für den Arbeitsschutz und die Arbeitssicherheit 80
4.3 Sonderschutzrechte für schutzbedürftige Personen 84
4.4 Bestimmungen des Arbeitssicherheitsgesetzes (ASiG) 86
4.5 Ziele und wesentliche Inhalte der Arbeitsstättenverordnung (ArbStättV) 88
4.6 Bestimmungen des Gesetzes über technische Arbeitsmittel und Verbraucherprodukte (GPSG) unter Berücksichtigung des EU-Rechts 89
4.7 Grundlagen der Berufsgenossenschaften, des Staatlichen Amtes für Immisions- und Arbeitsschutzes und des Überwachungsvereins 90

5		Vorschriften des Umweltschutzes, insbesondere Gewässer- und Bodenschutz, Abfallbeseitigung, Luftreinhaltung und Lärmbekämpfung, Strahlenschutz und Schutz vor gefährlichen Stoffen 93
	5.1	Ziel und Aufgabe des Umweltschutzes 93
	5.2	Wichtige Gesetze und Verordnungen zum Umweltschutz 95
6		**Produkthaftungsgesetz / Datenschutz 99**
	6.1	Wesentliche Bestimmungen des Produkthaftungsgesetzes 99
	6.2	Notwendigkeit und Zielsetzung des Datenschutzes 102
7		**Stichwortverzeichnis 106**

Vorwort zur 5. Auflage

Nach Veröffentlichung der 4. Auflage haben wir sehr viele positive Rückmeldungen erhalten, dass dieses Buch das einzige Buch sei, das wirklich gezielt den Prüfungsstoff enthalte und nicht zusätzlichen Ballast, der vom Wesentlichen ablenkt. Trotzdem haben wir das Buch nochmals an einigen wichtigen Stellen erweitert und aufgrund von Urteilen oder Gesetzesänderungen aktualisiert.

Das Grundprinzip bleibt trotzdem, dass dieses Buch – wie auch die anderen Bücher dieser Reihe – nach genau drei Kriterien erstellt wurden:

- Rahmenplan
- Prüfungsrelevanz
- Verständlichkeit

Der Rahmenplan ist frei zugänglich, die Prüfungsrelevanz wurde durch Auswertung aller frei erhältlichen Prüfungen seit 2006 sichergestellt.

Zudem hat der Autor, der die Prüfung selbst durchlaufen hat, beim Schreiben dieses Buchs großen Wert auf maximale Verständlichkeit gelegt, um den Lernaufwand zu minimieren.

Jeglicher Ballast, alle anderen Ausschmückungen wurden weggelassen, insbesondere, da im Prüfungsteil „Rechtsbewusstes Handeln" ein großer Teil des Stoffs rechtlichen Vorschriften entnommen werden kann, die als Hilfsmittel in der Prüfung zugelassen sind.

Daher sei hier auch als Ergänzung zum vorliegenden Buch die

Gesetzessammlung für Industriemeister
Grundlegende Qualifikationen
Ausbildereignungsprüfung gem. AEVO
7. Auflage 2021 / ISBN 978-3-96155-152-1

die ebenfalls in diesem Verlag erschienen ist, empfohlen.

Durch die Kombination dieser Bücher erhalten Sie kompakt genau das Wissen, das Sie zum Bestehen der Prüfung benötigen.

Viel Erfolg allen Nutzern dieses Buchs in der Prüfung!

Der Autor im März 2021

Erklärung von Zeichen

 Beispiel

 Achtung/Wichtig

 Tipp

 Rechtsprechung

Einführung

Je nach Art des Industriemeisters (Metall, Chemie, Schutz und Sicherheit, ...) ist das Fach „Rechtsbewusstes Handeln" eines von drei oder bis zu fünf Prüfungsteilen. Neben „Betriebswirtschaftlichem Handeln" ist es eher unbeliebt, da dem Fach Recht anhängt, es sei trocken und oft lebensfremd.

Dies ist jedoch eine Fehleinschätzung.
Denn zum einen ist es strukturiert und lässt sich daher gut erlernen, zum anderen dürfen auch nach der Hilfsmittelreform von 2012 noch Gesetzestexte als Hilfsmittel in der Prüfung verwendet werden, so dass man in vielen Fällen eine rechtliche Lösung nicht wissen muss, sondern „nur", wo sie im Gesetz steht.

In diesem Zusammenhang sei nochmals auf die speziell auf die Prüfung abgestimmte Gesetzessammlung verwiesen, die im Vorwort genannt wurde. Beim Arbeiten mit diesem Lehrbuch sollte diese immer zur Hand sein, um entsprechende Verweise sofort aufnehmen zu können.

Auch nach 2012 können in Gesetzestexten, die in der Prüfung zugelassen sind, Markierungen und Unterstreichungen vorgenommen sowie Paragraphen oder Namen von Vorschriften an den Rand geschrieben werden (sonst nichts!). Dies hat den Vorteil, dass bei entsprechender Kommentierung der Gesetzessammlung nicht jedes Detail im Gesetz gewusst oder erst zeitaufwändig gesucht werden muss.

Ein Beispiel: Geht es um die Kündigung eines Betriebsratsmitglieds, so hat man gelernt, dass diese nur unter bestimmten Voraussetzungen möglich ist, und wird wissen, dass man die entsprechende Vorschrift im Betriebsverfassungsgesetz (BetrVG) finden wird. Aber wo genau?

Fängt man jetzt in der Prüfung das Suchen an, verliert man Zeit, die zum Schluss fehlt. Haben Sie Ihre Gesetzessammlung für die Prüfung aber anhand dieses Lehrbuches kommentiert, dann werden Sie die entsprechenden Vorschriften problemlos finden.

Zu jedem Fall (hier Kündigung) gibt es eine allgemeine „Basisvorschrift", in unserem Beispielsfall die §§ 622 ff. BGB. Dort dürfen von Ihnen, wie oben ausgeführt, am Rand alle Spezialfälle aufgelistet werden, also Kündigung einer Schwangeren, Kündigung eines Schwerbehinderten, Kündigung eines Auszubildenden und auch Kündigung eines Betriebsratsmitglieds. So stehen dann dort u. a. die §§ 15 KSchG und § 103 BetrVG, welche die Kündigung eines Betriebsratsmitgliedes regeln.

Einführung

Es reicht also aus, sich zu merken, dass das Thema Kündigung beim § 622 BGB beginnt; alle Spezialvorschriften muss man sich nicht merken, da die dort am Rand stehen dürfen. Nach diesem System ist das Fach „Rechtsbewusstes Handeln" gut in den Griff zu bekommen.

In der Prüfung wird das Fach 90 Minuten schriftlich abgeprüft, wobei offene Fragen (keine Multiple-Choice-Fragen) gestellt werden. Von maximal erreichbaren 100 Punkten werden 50 zum Bestehen benötigt.

Eine mündliche Prüfung gibt es nicht, allenfalls eine „mündliche Ergänzungsprüfung" für den Fall, dass man in der schriftlichen Prüfung zwischen 33 und 49 Punkten erreicht und in den anderen Fächern bestanden hat. Das Ergebnis der mündlichen Ergänzungsprüfung wird dann mit dem schriftlichen Ergebnis 1:2 zusammengerechnet und durch drei dividiert.

Beispiel:
Schriftliches Ergebnis: 40 Punkte
Ergänzungsprüfung: 70 Punkte
40 + 40 + 70 = 150 Punkte
150 ./. 3 = 50 Punkte gesamt → Die Prüdung ist bestanden

Der Prüfungsteil „Rechtsbewusstes Handeln" ist in der Prüfung in sechs Bereiche aufgeteilt, die im Folgenden behandelt werden. Es sind dies:

- Arbeitsrecht
- Betriebsverfassungsgesetz
- Sozialversicherungsrecht
- Arbeitsschutz / Arbeitssicherheit
- Umweltschutzrecht
- Produkthaftungsrecht

Die Durchsicht der Prüfungen der letzten fünfzehn Jahre zeigt, dass die Bereiche Arbeits- und Betriebsverfassungsrecht in der Prüfung die Schwerpunkte sind. Auch wenn das keine Gewähr für die Zukunft ist, sollten diese daher in der Vorbereitung entsprechend berücksichtigt werden.

Weitere Informationen zur Prüfungsvorbereitung entnehmen Sie bitte dem Buch:

Industriemeister Band 1 Rechtsbewusstes Handeln (Prüfungsvorbereitung),

das ebenfalls in diesem Verlag erschienen ist.

1 Arbeitsrecht

Beim „Arbeitsrecht" handelt es sich um einen Teil des Zivilrechts, der auch durch Regelungen des öffentlichen Rechts beeinflusst wird.

Trotz jahrzehntelanger Bestrebungen ist es der Politik bisher nicht gelungen, ein „Arbeitsgesetzbuch" zu schaffen, das alle oder zumindest eine Mehrzahl der relevanten Regelungen umfasst. Das deutsche Arbeitsrecht besteht daher aus einem Flickenteppich unterschiedlicher Vorschriften.

1.1 Rechtsgrundlagen

Die Basis des deutschen Rechts und damit auch des Arbeitsrechts bildet das **Grundgesetz**. Für die vorliegende Prüfung sind hier insbesondere die Art. 3 GG (Gleichheit, Gleichbehandlung), Art. 9 (3) GG (Vereinigungsfreiheit in Gewerkschaften und Arbeitgeberverbänden) und Art. 12 (1) GG (Berufsfreiheit) interessant.

Auf dem Grundgesetz bauen **Gesetze** auf, die von staatlichen Stellen wie z. B. dem Bundestag oder den Landtagen (Legislative) erlassen werden.

 Bürgerliches Gesetzbuch (BGB), Gewerbeordnung (GewO), ...

Aufgrund von Gesetzen wiederum können **Rechtsverordnungen** erlassen werden, wofür dann die Bundes- oder Landesregierung bzw. Bundes- oder Landesministerien zuständig sind (Exekutive).

 Gefahrstoffverordnung (GefStoffV), Bewachungsverordnung (BewachV), ...

Daneben gibt es auch Vorschriften, die von anderen Institutionen geschaffen werden, beispielsweise die Unfallverhütungsvorschriften der gesetzlichen Unfallversicherungen (Berufsgenossenschaften).

Hier spricht man von „Satzungen autonomen Rechts", da diese eben nicht von staatlicher Seite erlassen werden. Unter anderem erlassen die Berufsgenossenschaften daher DGUV-Vorschriften.

1.1 Rechtsgrundlagen

 Die Berufsgenossenschaften sind frei darin, festzulegen, wie viele Ersthelfer in einem Betrieb vorhanden sein müssen. Der Staat mischt sich da nicht mit eigenen Regelungen ein.

Das deutsche Recht ist in zwei Bereiche aufgeteilt, das öffentliche Recht und das Zivilrecht (Privatrecht).

Im öffentlichen Recht geht es (neben hier nicht relevanten Punkten wie z. B. Staatsrecht) um die Rechtsbeziehung zwischen „Staat" und „Bürger". Unter „Staat" versteht man hier allgemein alle öffentlichen Stellen, mit denen ein Bürger zu tun haben kann, wie Gerichte, Behörden, Gemeinden und deren Bedienstete.

 Strafrecht (StGB), Bundesimmisionsschutzgesetz (BImschG), Ordnungswidrigkeitengesetz (OWiG), …

Im Zivilrecht geht es um Rechtsbeziehungen zwischen Bürger und Bürger.

 Arbeitsvertrag, Kaufvertrag, Schadensersatz (BGB), Kündigungsschutzgesetz (KSchG), …

Obwohl es hierbei nach einer klaren Trennung aussieht, gibt es rechtliche Fälle, in den beide Rechtsgebiete gleichzeitig eine Rolle spielen können.

 Legt ein Arbeitnehmer seinem Chef gefälschte Zeugnisse vor, so kann das ein Verstoß gegen arbeitsvertragliche Vorschriften sein (Zivilrecht) und gleichzeitig ein Betrug (Strafrecht).

In Deutschland gibt es, wie oben ausgeführt, kein „Arbeitsrechtsgesetzbuch", die relevanten Vorschriften sind auf viele rechtliche Regelungen wie Gesetze, Verordnungen etc. verstreut.

Grundsätzlich findet „Arbeitsrecht" im Zivilrecht (Bürger – Bürger) statt und da insbesondere in den §§ 611 ff. BGB. Es gibt aber Vorschriften, die dem öffentlichen Recht (Staat – Bürger) zuzuordnen sind und die trotzdem einen Einfluss auf das Arbeitsrecht haben, beispielsweise das Arbeitszeitgesetz (ArbZG), das Jugendarbeitsschutzgesetz (JArbSchG) oder das Arbeitssicherheitsgesetz (ASiG).

Auch EU-Recht spielt eine gewisse Rolle, wobei unterschieden werden muss, welche Art von EU-Recht vorliegt:

- EU-Verordnungen gelten unmittelbar für die Mitgliedsstaaten wie nationale Vorschriften
- EU-Richtlinien müssen erst umgesetzt werden, z. B. das Allgemeine Gleichbehandlungsgesetz (AGG)

Individual- / Kollektivarbeitsrecht

Das Arbeitsrecht selbst kann auch in zwei verschiedene Bereiche unterschieden werden: Individual- und Kollektivarbeitsrecht.

Im **Individualarbeitsrecht** geht es um die Rechtsbeziehung zwischen Arbeitgeber und dem einzelnen Arbeitnehmer (Arbeitsvertrag).

 Arbeitsvertraglich geregelte Entgelt- oder Urlaubsansprüche

Auch der Begriff „betriebliche Übung", eine Art Gewohnheitsrecht, fällt darunter. Unter „betrieblicher Übung" versteht man eine Regelung in einem Arbeitsverhältnis, die zwar nicht im Arbeitsvertrag festgelegt ist, die sich aber über einen gewissen Zeitrahmen eingebürgert hat und daher trotzdem gilt.

 In der Firma Ach § Krach AG ist es üblich, dass die Mitarbeiter nach Arbeitsende noch die Werkstatt reinigen, obwohl das nicht im Arbeitsvertrag geregelt ist.

 Ein Arbeitgeber gewährt seinen Mitarbeitern seit mehreren Jahren einen Weihnachtsbonus von 250 Euro. Wenn er den Bonus nicht als „einmalige freiwillige Zahlung, auf die in Zukunft kein Anspruch besteht" ausweist, die „ohne Anerkennung eines Rechtsanspruchs" bezahlt wird, haben die Arbeitnehmer spätestens im dritten Jahr weiterhin einen Anspruch auf den Bonus, auch wenn er nicht vertraglich vereinbart ist.

Im **Kollektivarbeitsrecht** geht es um die Rechtsbeziehung zwischen dem Arbeitgeber und dem Betriebsrat oder auch zwischen Arbeitgeber / Arbeitgeberverband und der zuständigen Gewerkschaft.

1.1 Rechtsgrundlagen

Als Beispiele seien hier genannt:

- Betriebsvereinbarungen (Arbeitgeber – Betriebsrat) und
- Tarifverträge (Arbeitgeber/ Arbeitgeberverband – Gewerkschaft)

Eine wichtige Rolle spielt auch die **Rechtsprechung**, also Urteile zu bestimmten Paragraphen oder Auslegungen derselben.

So wurde beispielsweise im November 2012 durch das Bundesarbeitsgericht ein Urteil gefällt, wonach der Arbeitgeber schon ab dem ersten Krankheitstag ohne Angabe von Gründen ein ärztliches Attest verlangen kann.

Gibt es zu einem Thema mehrere rechtliche Regelungen, die in Frage kommen, beispielsweise das Grundgesetz und ein „einfaches" Gesetz, so gilt nach dem **Rangprinzip** die höherwertige Regelung, hier das Grundgesetz.

 Eine Vorschrift aus dem StGB ist ungültig, wenn sie gegen das Grundgesetz verstößt.

Gibt es zu einem Bereich mehrere Vorschriften, beispielsweise zum Thema Kündigung (BGB, Kündigungsschutzgesetz (KSchG)), so gilt das **Spezialitäts-** und **Ordnungsprinzip**, das heißt, die speziellere Vorschrift, hier das Kündigungsschutzgesetz, gilt, wenn die Voraussetzungen gegeben sind.

 Nach dem BGB kann ein Arbeitsverhältnis beidseitig ohne Grund fristgerecht gekündigt werden. Ist das KSchG anwendbar, darf der Arbeitgeber nur kündigen, wenn die Kündigung „sozial gerechtfertigt" ist.

Wenn aber zu einem Sachverhalt rechtliche Regelungen getroffen sind, die nebeneinander gelten (Arbeitsvertrag / Tarifvertrag), so gilt das **Günstigkeitsprinzip**, es gilt also die für den Arbeitnehmer günstigere Regelung.

 Legt der Tarifvertrag 28 Werktage Urlaub fest, der Arbeitsvertrag jedoch 30, dann gilt der Arbeitsvertrag.

1.2 Wesen und Zustandekommen des Arbeitsvertrags

Der Arbeitsvertrag ist ein Unterfall des Dienstvertrags, §§ 611 ff. BGB. Es gilt Vertragsfreiheit (Abschluss-/Inhaltsfreiheit), die Parteien können also den Vertragsinhalt grundsätzlich frei festlegen.

Diese Vertragsfreiheit ist aber durch gesetzliche Regelungen wie das Bundesurlaubsgesetz, das Arbeitszeitgesetz oder das Kündigungsschutzgesetz eingeschränkt.

 Arbeitgeber und Arbeitnehmer können im Arbeitsvertrag nicht festlegen, dass der Arbeitnehmer keinen Urlaub, dafür aber mehr Lohn erhält.

Zustande kommt ein Arbeitsvertrag durch zwei übereinstimmende Willenserklärungen, also wenn Arbeitgeber und Arbeitnehmer sich einig sind, dass sie zu bestimmten Bedingungen ein Arbeitsverhältnis miteinander eingehen wollen.

Stimmen die Willenserklärungen nicht überein, kommt kein Vertrag zustande. Dabei kann es auch passieren, dass zwar beide Parteien glauben, ihre Willenserklärungen würden übereinstimmen, dies in Wirklichkeit aber nicht der Fall ist, weil sich entweder einer von beiden selbst täuscht oder vom anderen getäuscht wird (vgl. unten Kapitel 2.1).

Abschluss unter Berücksichtigung der Mitwirkung der Arbeitnehmervertretung

Besteht im Betrieb ein Betriebsrat, so muss der Arbeitgeber zu jeder Neueinstellung die Zustimmung des Betriebsrates nach § 99 (1) Betriebsverfassungsgesetz (BetrVG) einholen, wenn mehr als 20 wahlberechtigte (alle ab 18 Jahre) Arbeitnehmer beschäftigt werden.

Dem Betriebsrat sind die erforderlichen Bewerbungsunterlagen vorzulegen und Auskunft über die Person der Beteiligten zu geben. Er kann daraufhin zustimmen, widersprechen oder die Wochenfrist verstreichen lassen, was sodann als Zustimmung gewertet wird, § 99 (3) / (4) BetrVG.

1.2 Wesen und Zustandekommen des Arbeitsvertrags

Geltungsbereich des Arbeitsvertrages

Wie oben schon ausgeführt, besteht grundsätzlich Vertragsfreiheit, aber mit erheblichen rechtlichen Einschränkungen zugunsten des Arbeitnehmers.

So ist grundsätzlich zum Abschluss eines Arbeitsvertrags keine Schriftform notwendig. Eine Ausnahme bildet die Befristung eines Arbeitsvertrags nach § 14 (4) Teilzeit- und Befristungsgesetz (TzBfG).

Eine Befristung ist nur gültig, wenn diese schriftlich **vor** Beginn des Arbeitsverhältnisses vereinbart wurde.

Arbeitgeber und Arbeitnehmer vereinbaren, dass der Arbeitnehmer am nächsten Tag mit der Arbeit beginnt und der „Schriftkram" später nachgeholt wird.

Ergebnis:
In diesem Fall besteht ein gültiger (mündlicher) Arbeitsvertrag, der Arbeitgeber ist jedoch unabhängig davon verpflichtet, innerhalb eines Monats den Vertrag schriftlich zu fixieren, § 2 Nachweisgesetz (NachwG).

Zu beachten ist jedoch das Nachweisgesetz (NachwG).

Der Arbeitgeber hat spätestens einen Monat nach dem vereinbarten Beginn des Arbeitsverhältnisses die wesentlichen Vertragsbedingungen schriftlich niederzulegen, die Niederschrift zu unterzeichnen und dem Arbeitnehmer auszuhändigen. In die Niederschrift sind mindestens aufzunehmen:

- Der Name und die Anschrift der Vertragsparteien,
- der Zeitpunkt des Beginns des Arbeitsverhältnisses,
- bei befristeten Arbeitsverhältnissen: die vorhersehbare Dauer des Arbeitsverhältnisses,
- der Arbeitsort oder, falls der Arbeitnehmer nicht nur an einem bestimmten Arbeitsort tätig sein soll, ein Hinweis darauf, dass der Arbeitnehmer an verschiedenen Orten beschäftigt werden kann,
- eine kurze Charakterisierung oder Beschreibung der vom Arbeitnehmer zu leistenden Tätigkeit,
- die Zusammensetzung und die Höhe des Arbeitsentgelts einschließlich der Zuschläge, der Zulagen, Prämien und Sonderzahlungen sowie anderer Bestandteile des Arbeitsentgelts und deren Fälligkeit,
- die vereinbarte Arbeitszeit,
- die Dauer des jährlichen Erholungsurlaubs,

- die Fristen für die Kündigung des Arbeitsverhältnisses,
- ein in allgemeiner Form gehaltener Hinweis auf die Tarifverträge, Betriebs- oder Dienstvereinbarungen, die auf das Arbeitsverhältnis anzuwenden sind.

Mängel des Arbeitsvertrags

Beim Abschluss eines Arbeitsvertrages kann es vorkommen, dass dieser nicht wirksam zustande kommt. So ist dieser „schwebend unwirksam", wenn ein Vertragspartner nicht oder nur bedingt geschäftsfähig ist, §§ 105 ff. BGB, insbesondere § 108 BGB.

Wird dieser dann nicht im Nachhinein durch einen Berechtigten genehmigt, gilt er als von vornherein unwirksam.

Der 17-jährige Gernegroß schließt einen Ausbildungsvertrag mit der Ach & Krach AG.

Ergebnis:
Wenn die Erziehungsberechtigten nicht nachträglich zustimmen, gilt der Vertrag als von Beginn an nicht zustande gekommen und ist unwirksam.

Exkurs 1:
Rechtsfähig ist jeder Mensch ab Geburt, § 1 BGB, beschränkt geschäftsfähig ab sieben Jahren, § 106 BGB, voll geschäftsfähig ab 18 Jahren, § 2 BGB. Die Geschäftsunfähigkeit ist in § 104 BGB geregelt.

Exkurs 2:
Schließt ein Minderjähriger (7-18 Jahre) jedoch einen (Kauf-)Vertrag über Gegenstände, die er mit Mitteln aus seinem Taschengeld bezahlt, ist der Vertrag wirksam, § 110 BGB.

Täuscht sich einer der Vertragspartner bei Vertragsschluss selbst über für das Vertragsverhältnis wichtige Inhalte, kann er den Vertrag wegen Irrtums anfechten, § 119 BGB.

Da im Arbeitsvertrag „Frankfurt" als Arbeitsplatz genannt wird, denkt der Arbeitnehmer Hesse, es handelt sich um „Frankfurt/Main", dabei ist „Frankfurt/Oder" gemeint.

Dasselbe gilt für eine arglistige Täuschung oder Drohung, § 123 BGB, bei Vertragsschluss, wenn der eine Vertragspartner vom anderen über wesentliche

Vertragsinhalte getäuscht wird. Auch hier kann der Vertrag vom Getäuschten angefochten werden.

Drohung
Arbeitgeber G. Mein droht seinem Arbeitnehmer Schüchtern „harte Konsequenzen" an, wenn dieser nicht sofort einen Änderungsvertrag unterschreibt, wonach er zukünftig einen Euro weniger pro Stunde verdient.

Täuschung:
Im Personalfragebogen der Ach & Krach AG gibt Bewerber Wiesel, der sich als Kassierer bewirbt, an, dass er einen einwandfreien Leumund hat, obwohl er mehrfach wegen Diebstahl und Unterschlagung vorbestraft ist. Er wird deswegen eingestellt, was sonst nie der Fall gewesen wäre.
(Für eine Kassiererstelle ist diese Frage zulässig.)

Beantwortet ein Bewerber eine erlaubte Frage des Arbeitgebers (überhaupt) nicht, so liegt auch keine Täuschung vor, wegen welcher der Arbeitsvertrag angefochten werden könnte. In diesem Fall ist es dem Arbeitgeber zuzumuten, konkret nachzufragen, warum beispielsweise eine bestimmte Frage im Personalfragebogen nicht beantwortet wurde.

Der Arbeitgeber hat aber kein uneingeschränktes Fragerecht. Auf Fragen u. a. nach Schwangerschaft, Parteizugehörigkeit oder Lebensplanung muss nicht (ehrlich) geantwortet werden, da sonst ein Verstoß gegen das Allgemeine Gleichbehandlungsgesetz vorliegt, vgl. §§ 1, 2, 7 AGG.
Auf die Frage nach Krankheiten muss nur wahrheitsgemäß geantwortet werden, wenn diese für die Tätigkeit relevant sind oder es sich um ansteckende Krankheiten handelt, da der Arbeitgeber in diesem Fall seiner Fürsorgepflicht den anderen Arbeitnehmern gegenüber nachkommen muss.
Auch die Frage nach einer Schwerbehinderung ist grundsätzlich unzulässig, um eine Diskriminierung zu vermeiden. Es sei denn, dass es für den Arbeitsplatz von maßgeblicher Bedeutung ist.

Selbst wenn sich eine Schwangere auf eine Stelle bewirbt, auf der sie wegen ihrer Schwangerschaft nicht eingesetzt werden darf, ist das seitens des Arbeitgebers kein Grund, den geschlossenen Arbeitsvertrag wegen Täuschung anzufechten. Die Schwangere ist ja nicht dauerhaft schwanger, sondern kann nach Beendigung des Beschäftigungsverbots ganz „normal" eingesetzt werden.

Wesen und Zustandekommen des Arbeitsvertrags 1.2

Zudem hat der Betriebsrat ein Mitbestimmungsrecht, was den Personalfragebogen angeht, § 94 BetrVG.

Ficht eine Vertragspartei den Vertrag an, ist die Rechtsfolge, dass der Arbeitsvertrag von vornherein nichtig ist – so, als ob er nie bestanden hätte. In einem solchen Fall spricht man von einem „**faktischen Arbeitsverhältnis**". Das heißt, obwohl das Arbeitsverhältnis offiziell nie bestanden hat, muss der Arbeitgeber das Entgelt bis zum Anfechtungszeitpunkt bezahlen.

Berufskraftfahrer Elkawe wird eingestellt, weil er wahrheitswidrig im Einstellungsgespräch behauptet hat, er habe die Berechtigung, Fahrzeuge über 7,5 Tonnen zu fahren. Bei der ersten Kontrolle stellt sich jedoch heraus, dass das nicht stimmt.

Ergebnis:
Der Arbeitgeber kann den Arbeitsvertrag anfechten, der Arbeitsvertrag ist von vornherein nichtig. Elkawe kann jedoch für die Zeit, die er gearbeitet hat, Entgelt verlangen.

Eine Kündigung seitens des Arbeitgebers kommt nicht in Betracht, da der Auflösungsgrund (wahrheitswidrige Angaben) **vor** dem Vertragsabschluss liegt. Gekündigt werden kann nur, wenn das Arbeitsverhältnis **nach** Beginn beendet werden soll.

Wird ein Bewerber von einem Unternehmen zu einem Bewerbungsgespräch eingeladen, so hat das Unternehmen die entstandenen Kosten zu tragen, außer es wurde etwas anderes vereinbart, § 670 BGB (Aufwendungsersatz).

Arten von Arbeitsverhältnissen

In der Prüfung können verschiedene Arten von Arbeitsverhältnissen eine Rolle spielen:

Unbefristeter Arbeitsvertrag

Dabei handelt es sich um einen Arbeitsvertrag, der, wie der Name schon sagt, zeitlich nicht begrenzt ist. Er kann u. a. einseitig (Anfechtung / Kündigung) oder beidseitig (Aufhebungsvertrag) beendet werden und endet im Idealfall mit dem Renteneintritt.

1.2 Wesen und Zustandekommen des Arbeitsvertrags

Befristeter Arbeitsvertrag

In der Praxis spielen seit Jahren auch befristete Arbeitsverhältnisse eine große Rolle, da es für den Arbeitgeber dadurch einfacher ist, das Arbeitsverhältnis zu beenden. Insbesondere bei zeitlich befristeten Aufträgen, wie beispielsweise Baustellenbewachungen oder der Absicherung von nur ein paar Monate dauernden Veranstaltungen wie Bundes- oder Landesgartenschauen sind befristete Arbeitsverträge das probate Mittel.
Trotzdem sind befristete Arbeitsverhältnisse Gewerkschaften und gewerkschaftsnahen Politikern ein Dorn im Auge, da eben gerade kein unbefristetes Arbeitsverhältnis entsteht, und so – nach deren Argumentation – in gewisser Weise der Kündigungsschutz ausgehebelt wird.

Es gibt nach § 14 TzBfG zwei Möglichkeiten, einen Arbeitsvertrag rechtmäßig zu befristen:

1) wenn ein sachlicher Grund vorliegt, § 14 (1) TzBfG.

Dies kann beispielsweise eine Schwangerschaftsvertretung oder die zeitlich begrenzte Bewachung einer Baustelle sein. Ein Zeitlimit, wie bei der Befristung ohne sachlichen Grund, gibt es dabei grundsätzlich nicht.

2) ohne sachlichen Grund maximal bis zu zwei Jahren, wobei innerhalb der zwei Jahre maximal dreimal verlängert werden darf, § 14 (2) TzBfG.

Ein Arbeitnehmer erhält zunächst einen auf ein Jahr befristeten Arbeitsvertrag, im Anschluss einen weiteren für sechs Monate und zum Schluss einen für nochmals sechs Monate.

Eine Sonderregelung gibt es für Existenzgründer. Diese können Arbeitsverträge in den ersten vier Jahren nach Gründung eines Unternehmens ohne sachliche Begründung bis zu vier Jahre befristen. Innerhalb dieser vier Jahre ist auch eine mehrfache Verlängerung zulässig.

Hat ein Arbeitnehmer das 52. Lebensjahr vollendet und war vor Beginn des befristeten Arbeitsverhältnisses mindestens vier Monate beschäftigungslos, kann sogar bis zu fünf Jahre befristet werden. Auch hier ist innerhalb dieser fünf Jahre eine mehrfache Verlängerung zulässig.

Werden mehrfach nacheinander befristete Arbeitsverträge geschlossen, so müssen diese direkt aneinander anschließen. Selbst wenn nur Tage dazwischen liegen, ist eine weitere Befristung unwirksam. Der neuerliche Vertrag wäre dann unbefristet.

Die Befristung eines Arbeitsvertrags bedarf zu Ihrer Wirksamkeit der Schriftform **vor Beginn** des Arbeitsverhältnisses, § 14 (4) TzBfG.

Arbeitnehmer Lang wird von der Ach & Krach AG befristet eingestellt. Den schriftlichen Arbeitsvertrag erhält er drei Tage nach Arbeitsbeginn.

Ergebnis:
Es besteht ein unbefristetes Arbeitsverhältnis.

Arbeitet ein Arbeitnehmer nach Ende der Befristung ungehindert weiter, so entsteht ein unbefristetes Arbeitsverhältnis, § 15 (5) TzBfG.

Der Arbeitnehmer B. Fristet ist bei der Ach & Krach AG befristet bis zum 30.09. beschäftigt. Am 01.10. nimmt er seine Arbeit wie gewohnt auf, ohne dass er daran gehindert wird.

Ergebnis:
B. Fristet ist damit unbefristet beschäftigt.

Das Zusenden eines Dienstplans, in dem der befristete Arbeitnehmer über das Ende seines Arbeitsvertrags hinaus eingeteilt ist, reicht dagegen nicht, um ein befristetes in ein unbefristetes Arbeitsverhältnis umzuwandeln.

Eine ordentliche Kündigung eines befristeten Arbeitsverhältnisses ist grundsätzlich nicht möglich, es sei denn, es ist einzelvertraglich oder durch anwendbaren Tarifvertrag festgelegt, § 15 (3) TzBfG.

Teilzeitarbeitsverhältnis

Bei einem Teilzeitarbeitsverhältnis ist die Stundenzahl auf Teilzeit begrenzt, also auf weniger als „Vollzeit". Auch wenn sich Arbeitsformen wie Job-Sharing (zwei Arbeitnehmer teilen sich einen Arbeitsplatz) bisher nur bedingt am deutschen Arbeitsmarkt durchgesetzt haben, gibt es doch nicht wenige Arbeitnehmer, die beispielsweise aus Gründen der Kinderbetreuung nur Teilzeit arbeiten wollen oder können.

1.2 Wesen und Zustandekommen des Arbeitsvertrags

In den §§ 1 - 13 TzBfG finden sich Regelungen zum Thema Teilzeitarbeit.

§ 8 TzBfG regelt, unter welchen Voraussetzungen ein Arbeitnehmer Anspruch auf Verkürzung der Arbeitszeit hat:
- sein Arbeitsverhältnis muss länger als sechs Monate bestanden haben (Absatz 1)
- im Betrieb müssen mehr als 15 Arbeitnehmer beschäftigt sein (Absatz 7)
- er muss die Verringerung der Arbeitszeit und den Umfang spätestens drei Monate vor Beginn geltend machen (Absatz 2)

Liegen diese Voraussetzungen vor, so muss der Arbeitgeber der gewünschten Verringerung zustimmen, soweit nicht betriebliche Gründe entgegenstehen (Absatz 4). Die Entscheidung über die Verringerung der Arbeitszeit hat der Arbeitgeber dem Arbeitnehmer spätestens einen Monat vor dem Beginn der gewünschten Verringerung schriftlich mitzuteilen. Macht er dies nicht, verringert sich die Arbeitszeit in dem vom Arbeitnehmer gewünschten Umfang (Absatz 5).

Eine spezielle Variante eines Teilzeitarbeitsverhältnisses ist eine Tätigkeit auf 450-Euro-Basis. Hier ist der Arbeitnehmer frei von Sozialabgaben, wenn er sich von der Rentenversicherung befreien lässt. Der Arbeitgeber zahlt „nur" Sozialabgaben in Höhe von 31,51 % auf den Lohn (Stand März 2021).

Probearbeitsverhältnis

Bei einem Probearbeitsverhältnis wird vereinbart, dass der Arbeitnehmer probeweise arbeitet, maximal für sechs Monate. Danach wird entschieden, ob ein unbefristetes Arbeitsverhältnis eingegangen werden soll.

Berufsausbildungsverhältnis

Ausbildungsverhältnisse sind grundsätzlich auch Arbeitsverhältnisse nach §§ 611 ff. BGB, unterliegen aber speziellen Regelungen u. a. nach dem Berufsbildungsgesetz (BBiG) und dem Jugendarbeitsschutzgesetz (JArbSchG). Detaillierte Ausführungen dazu finden Sie in den Publikationen aus dem Verlagshaus Zitzmann zum Thema Ausbildereignungsprüfung nach AEVO.

Wesen und Zustandekommen des Arbeitsvertrags 1.2

Aushilfsarbeitsverhältnis

Ein Aushilfsarbeitsverhältnis liegt vor, wenn ein Arbeitnehmer nur vorübergehend als Ersatz z. B. für einen erkrankten Mitarbeiter eingestellt wird oder nur für zweimonatige Erntearbeiten.

Diese Arten von Arbeitsverhältnissen sind zu unterscheiden von einer Arbeitnehmerüberlassung und einem Vertrag mit freien Mitarbeitern (Selbstständigen).

Arbeitnehmerüberlassung

Bei Arbeitnehmerüberlassung handelt es sich eben gerade nicht um ein Arbeitsverhältnis zwischen Arbeitgeber (Entleiher) und dem „Arbeitenden" (Entliehenen). Dieser ist vielmehr nach dem Arbeitnehmerüberlassungsgesetz (AÜG) beim Verleiher als Arbeitnehmer beschäftigt und wird „nur" nach Weisungen des Entleihers tätig.

Es besteht ein „Dreiecksverhältnis": Entleiher und Verleiher schließen einen Arbeitnehmerüberlassungsvertrag, Verleiher und Entliehener einen Arbeitsvertrag. Zudem ist der Entleiher dem Entliehenen gegenüber weisungsbefugt.

Die Vorteile für den Entleiher liegen auf der Hand. Zum einen hat er mit dem „Arbeitenden" keinen Arbeitsvertrag, kann sich also jederzeit von ihm trennen, zum anderen trägt er nicht das Risiko und die Kosten von Entgeltfortzahlung im Krankheitsfall oder Urlaub.

Dagegen besteht die Gefahr, dass Leiharbeiter sich nicht mit dem Entleiher und dessen Unternehmen identifizieren oder auch, dass das Know-How im Bereich Sicherheit darunter leidet.

Freier Mitarbeitervertrag

Selbstständig ist, wer „im Wesentlichen frei seine Tätigkeit gestalten und seine Arbeitszeit bestimmen kann", § 84 (1) HGB.
Wird aber nur für einen Auftraggeber gearbeitet oder darf der "Selbstständige" sogar nur selbst als Person arbeiten, kann es sich um eine Scheinselbstständigkeit handeln, was zu Nachzahlungen von Sozialversicherungsbeiträgen führen kann. Auch die an den „Selbstständigen" bezahlte Umsatzsteuer wäre in diesem Fall verloren.

1.2 Wesen und Zustandekommen des Arbeitsvertrags

Der selbstständige Unternehmer Sub arbeitet seit Jahren 95 Prozent seiner Arbeitszeit für die Ach & Krach AG in deren Firmenräumen nach deren Dienstanweisung. Andere Auftraggeber hat er nicht.

Ergebnis: Hier liegt eine Scheinselbstständigkeit vor.

Regelungen über Arbeitszeit und Urlaub sowie die entsprechende Entlohnung

Die Arbeitszeiten der Arbeitnehmer können im Rahmen der gesetzlichen Regelungen nach dem Arbeitszeitgesetz (ArbZG) frei vereinbart werden.

Die folgenden Ausführungen werden möglicherweise trotzdem überraschend sein, da sie teilweise stark von der Realität abweichen.

So heißt es in § 3 ArbZG:
Die werktägliche Arbeitszeit der Arbeitnehmer darf acht Stunden nicht überschreiten. Sie kann auf bis zu zehn Stunden nur verlängert werden, wenn innerhalb von sechs Kalendermonaten oder innerhalb von 24 Wochen im Durchschnitt acht Stunden werktäglich nicht überschritten werden.

Bei Nachtschichtbetrieb muss der Ausgleich sogar innerhalb eines Monats erfolgen (vgl. § 6 (2) ArbZG).

Demnach sind die in manchen Branchen immer noch üblichen 12-Stunden-Schichten (noch dazu ohne Pausen) grundsätzlich unzulässig. Jedoch können die Arbeitszeiten durch Tarifvertrag verlängert werden.

Pausen / Ruhezeiten

Dazu muss bei einer Arbeitszeit von sechs bis neun Stunden eine Pause von 30 Minuten gewährt werden, bei über neun Stunden sogar von 45 Minuten. Eine Beschäftigung eines Arbeitnehmers länger als sechs Stunden am Stück ohne Pause darf nicht erfolgen (vgl. § 4 ArbZG). Eine Möglichkeit, diese gesetzliche Pausenregelung zu gewährleisten, ist der Bereitschaftsdienst.

Nach Beendigung der Arbeitszeit muss eine Ruhezeit von mindestens elf Stunden eingehalten werden, § 5 ArbZG.

Der Urlaubsanspruch der Arbeitnehmer kann von den Vertragsparteien im Rahmen der gesetzlichen Regelungen nach dem Bundesurlaubsgesetz (BUrlG) frei vereinbart werden, außer es gilt eine tarifliche Regelung. Nach § 3 BUrlG beträgt der jährliche Urlaub mindestens 24 Werktage.

Als Werktage gelten Montag bis Samstag, als Arbeitstage nur Montag bis Freitag. Entsprechend muss der Arbeitnehmer für eine volle Woche Urlaub keine sieben Tage, sondern nur fünf bzw. sechs Tage Urlaub nehmen.

Sonderregelungen zum Thema Urlaub gibt es für:

- werdende Mütter, § 24 MuSchG (Zeiten von Beschäftigungsverboten werden für den Urlaubsanspruch berücksichtigt)
- Jugendliche, § 19 JArbSchG (Jugendliche bis 16 Jahre haben 30 Werktage Urlaub, bis 17 Jahre 27 Tage, bis 18 Jahre 25 Tage) und
- Schwerbehinderte, § 208 SGB IX (zusätzlicher Anspruch von fünf Tagen)

Der volle Urlaubsanspruch entsteht erst nach sechs Monaten, § 4 BUrlG (Wartezeit).

Arbeitnehmer Kurz beginnt am 01.01. bei der Sicher & Wach GmbH als Sicherheitsmitarbeiter. Im August möchte er seinen gesamten Jahresurlaub nehmen.

Ergebnis:
Er hat nach § 4 BUrlG einen Anspruch darauf.

Der Teilurlaub ist in § 5 BUrlG geregelt.

Scheidet Arbeitnehmer Kurz aus dem vorherigen Beispiel schon Ende Mai aus dem Arbeitsverhältnis aus, so stehen ihm 5/12 seines Jahresurlaubsanspruchs zu.

Der Zeitpunkt und die Länge des Urlaubs richten sich nach den Urlaubswünschen des Arbeitnehmers und den betrieblichen Belangen, wobei der Urlaub nach Möglichkeit zusammenhängend zu gewähren ist, § 7 (1) / (2) BUrlG.

So kann etwa ein Sicherheitsunternehmen meist nicht allen Arbeitnehmern gleichzeitig in den Sommerschulferien im August freigeben. In diesem Fall erhalten jene Arbeitnehmer bevorzugt Urlaub, welche schulpflichtige Kinder haben und damit an die Ferien gebunden sind.

1.2 Wesen und Zustandekommen des Arbeitsvertrags

Zudem muss der Urlaub im laufenden Jahr gewährt und auch genommen werden, es sei denn, dass dringende betriebliche oder in der Person des Arbeitnehmers liegende Gründe eine Übertragung ins Folgejahr rechtfertigen. Dann muss der Urlaub aber in den ersten drei Monaten genommen werden, § 7 (3) BUrlG.

Arbeitnehmer Sorglos hat aus dem letzen Jahr noch zehn Tage Urlaub übrig, die er aus betrieblichen Gründen nicht nehmen konnte. Im Mai beantragt er, diese Urlaubstage nehmen zu dürfen.

Ergebnis (bisherige Rechtsprechung):
Er hat keinen Anspruch darauf, der Urlaub ist verfallen.

Nach einer Entscheidung des Landesarbeitsgerichts München (Urt. v. 06.05.2015, Az. 8 Sa 982/14) muss ein Arbeitgeber den Arbeitnehmer auffordern, den Urlaub zu nehmen, und, wenn dieser keine Wünsche äußert, den Urlaub einseitig festlegen.
Demnach würde der Urlaub im vorgenannten Beispiel nicht verfallen sein, wie es bisher einhellige Rechtsprechung war. Der Fall wurde vom Bundesarbeitsgericht dem Europäischen Gerichtshof vorgelegt, ist also noch nicht rechtskräftig entschieden.

Kann der Urlaub wegen Beendigung des Arbeitsverhältnisses ganz oder teilweise nicht mehr gewährt werden, so ist er abzugelten, § 7 (4) BUrlG.

Erkrankt ein Arbeitnehmer während des Urlaubs, so werden die durch ärztliches Zeugnis nachgewiesenen Tage der Arbeitsunfähigkeit nicht auf den Jahresurlaub angerechnet, § 9 BUrlG.

Arbeitnehmer Grippig wird während seines 14-tägigen Urlaubs fünf Tage krank und legt dafür ein ärztliches Attest vor.

Ergebnis:
Es werden nur neun Tage Urlaub angerechnet; für die fünf Tage, an denen er krank war, hat er einen Anspruch auf Entgeltfortzahlung.

Für die Dauer des Urlaubs hat der Arbeitnehmer einen Vergütungsanspruch, das sogenannte **Urlaubsentgelt** (§ 11 BUrlG), nicht zu verwechseln mit dem **Urlaubsgeld**, einer freiwilligen Leistung des Arbeitgebers.

Für das Urlaubsgeld gilt das oben Gesagte, nämlich dass die Arbeitnehmer einen dauerhaften Anspruch darauf erlangen, wenn es der Arbeitgeber ohne Vorbehalt bezahlt.

Auch 450-Euro-Kräfte haben einen Anspruch auf Urlaub, ebenso wie auf Entgeltfortzahlung im Krankheitsfall.

1.3 Rechte und Pflichten aus dem Arbeitsverhältnis

Rechte und Pflichten des Arbeitnehmers

Die Pflichten des Arbeitnehmers teilen sich in sogenannte Haupt- und Nebenpflichten.

Die Hauptpflicht des Arbeitnehmers ist die persönliche Arbeitspflicht am vereinbarten Ort zur vereinbarten Zeit nach der vertraglich vereinbarten Anweisung des Arbeitgebers.

Eine wichtige Nebenpflicht des Arbeitnehmers ist die Treuepflicht, darunter fällt beispielsweise die Verschwiegenheitspflicht über Geschäfts- und Betriebsgeheimnisse.

Auch die Pflicht des Arbeitnehmers, sich körperlich und geistig fit zu halten, um seine Arbeit entsprechend ausüben zu können, fällt in diesen Bereich.

Das bedeutet jedoch nicht, dass ein generelles Nebentätigkeitsverbot besteht. Nur Nebentätigkeiten, die dazu führen, dass die Haupttätigkeit darunter leidet, sind unzulässig, ebenso eine Nebentätigkeit bei einem direkten Konkurrenten.

 Der Arbeitnehmer Schlaflos, der bei der Ach & Krach AG als Mechatroniker Vollzeit arbeitet (07:00 - 15:30 Uhr), ist nebenbei fünf Mal in der Woche von 20:00 - 05:00 Uhr in der Bar Zälona als Barkeeper tätig.

Meist ist aber eine Anzeigepflicht für Nebentätigkeiten im Arbeitsvertrag vereinbart.

Zu den Rechten des Arbeitnehmers zählen u. a.

- ein Anspruch auf Vergütung
- ein Anspruch auf Beschäftigung
- ein Anspruch auf Urlaub, Entgeltfortzahlung im Krankheitsfall etc.
- Elterngeld und Elternzeit nach dem Bundeselterngeld- und Elternzeitgesetz (BEEG)

Rechte und Pflichten des Arbeitgebers

Zu den Rechten des Arbeitgebers gehören neben dem Weisungsrecht (Direktionsrecht) gegenüber dem Arbeitnehmer die oben genannten Arbeitnehmerpflichten.

Rechte und Pflichten aus dem Arbeitsverhältnis 1.3

Auch die Pflichten des Arbeitgebers teilen sich in „Haupt- und Nebenpflichten". Neben „Arbeit geben" ist die wichtigste Hauptpflicht des Arbeitgebers die Entgeltzahlung.

Hier gilt der Grundsatz: Ohne Arbeit kein Entgelt.

Von diesem Grundsatz gibt es aber mehrere Ausnahmen:

Zum einen ist hier das Thema Urlaub zu nennen, das im letzten Kapitel behandelt wurde.

Eine weitere Ausnahme vom Grundsatz „ohne Arbeit kein Lohn" ist die Entgeltfortzahlung im Krankheitsfall nach dem Entgeltfortzahlungsgesetz (EntgFZG).

Ein Anspruch auf Entgeltfortzahlung durch den Arbeitgeber ist bis zu sechs Wochen in voller Höhe gegeben, wenn das Arbeitsverhältnis vier Wochen ununterbrochen bestand, § 3 EntgFZG.

Arbeitnehmer Grippig wird drei Wochen nach Abschluss des Arbeitsvertrages für vier Wochen krank. Wie lange muss der Arbeitgeber Entgelt fortzahlen?

Ergebnis:
Die erste nicht, die restlichen drei Wochen ja.

Der Anspruch entsteht jedoch nur, wenn den Arbeitnehmer kein Verschulden trifft. Das ist bei Vorsatz immer, bei grober Fahrlässigkeit meistens der Fall.

Eine Arbeitsunfähigkeit aufgrund eines Unfalls beim Motorradfahren ohne Helm auf der Autobahn.

Der Arbeitnehmer muss dem Arbeitgeber die Arbeitsunfähigkeit und deren voraussichtliche Dauer mitteilen. Bei einer Arbeitsunfähigkeit von mehr als drei Tagen muss der Arbeitnehmer spätestens am darauffolgenden Tag eine AU-Bescheinigung vorlegen, § 5 (1) EntgFZG. Geschieht dies nicht, kann der Arbeitgeber die Fortzahlung des Entgeltes solange verweigern, bis die AU-Bescheinigung vorliegt, § 7 EntgFZG.

Die Pflichten des Arbeitnehmers bei einer Arbeitsunfähigkeit im Rahmen eines Auslandsaufenthaltes ergeben sich aus § 5 (2) EntgFZG, nämlich eine unverzügliche Information des Arbeitgebers und der gesetzlichen Krankenkasse, wenn er bei einer solchen Mitglied ist.

1.3 Rechte und Pflichten aus dem Arbeitsverhältnis

Wird die Arbeitsunfähigkeit eines Arbeitnehmers durch einen Dritten verursacht, so geht der Anspruch auf den Arbeitgeber ganz oder teilweise über, § 6 EntgFZG.

Arbeitnehmer Bein wird auf dem Arbeitsweg von einem unvorsichtigen Autofahrer mit dem Auto angefahren. Das Gericht stellt fest, dass der Autofahrer am Unfall zu 80 % schuld ist.

Ergebnis:
Der Arbeitgeber kann vom Autofahrer (bzw. dessen Haftpflichtversicherung) 80 % der bezahlten Entgeltfortzahlung verlangen, die restlichen 20 % muss er selbst tragen.

Die Entgeltfortzahlung nach den sechs Wochen richtet sich nach dem Grund der Arbeitsunfähigkeit.

Liegt ein Arbeits- oder Wegeunfall vor, erhält der Arbeitnehmer Leistungen der gesetzlichen Unfallversicherung (80 %), ansonsten von der Krankenkasse (70 % vom Brutto, maximal 90 % vom Netto) (vgl. unten 3.2 / 3.7). **Und wenn nicht?**

Zu den Nebenpflichten des Arbeitgebers gehört neben dem Arbeitsschutz (siehe unten Kapitel 4) auch die Gleichbehandlung der Arbeitnehmer nach dem Allgemeinen Gleichbehandlungsgesetz (AGG). Soweit notwendig, hat er die entsprechenden Maßnahmen zu ergreifen, § 12 AGG.

Nach § 1 AGG ist das Ziel des Gesetzes, Benachteiligungen aus Gründen der Rasse oder wegen der ethnischen Herkunft, des Geschlechts, der Religion oder Weltanschauung, einer Behinderung, des Alters oder der sexuellen Identität zu verhindern oder zu beseitigen. Entsprechend ist nach § 7 AGG eine Benachteiligung aus diesen Gründen verboten, beispielsweise bei einer Ausschreibung, § 11 AGG.

Eine unterschiedliche Behandlung wegen einer der in § 1 AGG genannten Gründe ist jedoch zulässig, wenn dies wegen der Art der auszuübenden Tätigkeit eine wesentliche und entscheidende Anforderung darstellt, § 8 AGG.

Ein Krankenhaus, dessen Träger die evangelische Kirche ist, kann gezielt in einer Stellenausschreibung nach einem evangelischen Seelsorger suchen.

Kommt es trotzdem zu einer Benachteiligung, so hat der Betroffene ein Beschwerderecht, § 13 AGG. In bestimmten Fällen kann der Benachteiligte dann auch Schadensersatz vom Arbeitgeber fordern, § 15 AGG.

Eine Klage auf Entschädigung nach § 15 AGG muss vom Betroffenen aber innerhalb von drei Monaten, nachdem der Anspruch schriftlich geltend gemacht wurde, erhoben werden, § 61b ArbGG.

Spezielle Rechte und Pflichten aus dem Arbeitsvertrag und Folgen bei Verstößen

Zunächst sind die Folgen einer „Nichtleistung" des Arbeitnehmers zu klären, also wenn der Arbeitnehmer seine Tätigkeit nicht ausübt.

Dabei wird unterschieden, ob der Grund der Nichtleistung in der Sphäre des Arbeitgebers oder des Arbeitnehmers liegt.

Liegt der Grund für die Unmöglichkeit der Arbeitsleistung beim Arbeitnehmer, erhält er kein Entgelt, muss aber auch nicht „nacharbeiten".

Arbeitnehmer Arglos kommt eine Stunde zu spät zur Arbeit, da die Busfahrer streiken.

Ergebnis:
Arglos bekommt für die entgangene Stunde kein Entgelt, da ein sogenanntes „allgemeines Lebensrisiko" vorliegt.

Liegt der Grund für die Unmöglichkeit der Arbeitsleistung dagegen beim Arbeitgeber, erhält der Arbeitnehmer sein Entgelt auch ohne Arbeit, da sich der Arbeitgeber im sogenannten Annahmeverzug befindet, § 615 BGB.

Der Arbeitgeber Müde verschläft und sperrt die Firma erst 30 Minuten nach Arbeitsbeginn auf.

Ergebnis:
Die Arbeitnehmer erhalten für die 30 Minuten Entgelt, obwohl sie nicht gearbeitet haben.

Ein weiterer Punkt ist das Thema „Schlechtleistung des Arbeitnehmers".

Hier kann der Arbeitgeber jedoch nicht das Entgelt ganz oder teilweise einbehalten, sondern hat nur die Möglichkeiten, den Arbeitnehmer zu ermahnen, abzumahnen und im Extremfall zu kündigen.

1.3 Rechte und Pflichten aus dem Arbeitsverhältnis

Arbeitnehmer Langsam bearbeitet pro Stunde durchschnittlich drei Kundenanfragen, alle seine Kollegen mindestens fünf.

Verursacht der Arbeitnehmer dem Arbeitgeber einen Schaden, so kann es zu Schadenersatzansprüchen des Arbeitgebers gegen den Arbeitnehmer kommen.

Ob und wenn ja in welchem Umfang es zu einer Haftung des Arbeitnehmers kommt, richtet sich nach dessen Verschulden. Der Arbeitnehmer muss natürlich bei Vorsatz Schadensersatz leisten, bei „grober Fahrlässigkeit" aber in der Regel nur noch anteilig. Bei „normaler" Fahrlässigkeit besteht im Normalfall schon keine Ersatzpflicht mehr. In jedem Fall muss der Arbeitgeber das Verschulden nachweisen.

Weil er an einem Türgriff mit dem Arm hängen bleibt, fällt Arbeitnehmer A das Diensthandy aus der Hand auf den Boden und ist danach unbrauchbar.

Ergebnis:
Hier wird wohl „normale" Fahrlässigkeit vorliegen, der Arbeitgeber kann keinen Schadensersatz verlangen.

1.4 Beendigung von Arbeitsverhältnissen und die daraus folgenden gegenseitigen Rechte und Pflichten

Ein wichtiger Teil des Rahmenplans, der regelmäßig abgeprüft wird, ist das Thema „Beendigung von Arbeitsverhältnissen".

Die relevanten Möglichkeiten der Beendigung sind:

- Kündigung (ordentlich / außerordentlich)
- Anfechtung
- Aufhebungsvertrag
- Befristung / Zweckerreichung
- Erreichen des Rentenalters
- Tod des Arbeitnehmers

Ordentliche und außerordentliche Kündigung

Eine Kündigung ist eine sogenannte einseitige Willenserklärung, das heißt sie wird auch dann wirksam, wenn die Gegenseite nicht zustimmt.

Zu ihrer Wirksamkeit muss die Kündigung dem anderen Vertragspartner jedoch zugehen, was bedeutet, dass sie in seinen Wirkungskreis gelangen muss, § 130 (1) BGB. Zudem geht sie erst dann zeitlich zu, wenn mit einer Kenntnisnahme gerechnet werden kann.

Arbeitnehmer Knappdran wirft an einem Sonntagabend um 22:00 Uhr seine Kündigung in den Briefkasten der Firma, um die Kündigungsfrist zu wahren.

Ergebnis:
Die Kündigung geht erst am Montag zu, da sonntags am Abend nicht mit einer Leerung des Briefkastens gerechnet werden kann.

Desweiteren **muss** die Kündigung schriftlich erfolgen.
Kündigungen per E-Mail, SMS, WhatsApp, Facebook o. ä. sind unzulässig, § 623 BGB.

1.4 Beendigung von Arbeitsverhältnissen

Ordentliche Kündigung

Für eine ordentliche Kündigung ist grundsätzlich kein Grund notwendig, § 620 BGB.

Zu beachten sind lediglich die Kündigungsfristen. Diese sind generell vier Wochen zum 15. oder zum Monatsende. Ist der Arbeitnehmer zwei oder mehr Jahre beschäftigt, gelten für den Arbeitgeber längere Fristen, vgl. § 622 BGB.

Ausnahme:
In der Probezeit (längstens sechs Monate) kann das Arbeitsverhältnis mit einer Frist von zwei Wochen gekündigt werden, § 622 (3) BGB.

Kommt jedoch das Kündigungsschutzgesetz (KSchG) zur Anwendung, ist es für den Arbeitgeber deutlich schwerer, dem Arbeitnehmer zu kündigen.

Damit das Kündigungsschutzgesetz anwendbar ist, müssen folgende Voraussetzungen gegeben sein, §§ 1, 23 KSchG:

- Der Arbeitnehmer ist länger als sechs Monate beschäftigt
- Es werden im Betrieb regelmäßig mehr als fünf Arbeitnehmer beschäftigt, wenn der Arbeitnehmer schon vor dem 01.01.2004 beschäftigt war
- Es werden im Betrieb regelmäßig mehr als zehn Arbeitnehmer beschäftigt, wenn der Arbeitnehmer ab dem 01.01.2004 beschäftigt war

Auszubildende werden nicht mitgezählt, um zu verhindern, dass wegen des Kündigungsschutzgesetzes nicht ausgebildet wird.

Sind diese Voraussetzungen gegeben und damit das KSchG anwendbar, muss auch eine ordentliche Kündigung seitens des Arbeitgebers begründet werden, da sie sonst „sozial ungerechtfertigt" ist und damit unwirksam.

In diesem Fall kommen drei Arten von Kündigungsgründen in Betracht:

- Betriebsbedingt
- Verhaltensbedingt
- Personenbedingt

Bei der **betriebsbedingten Kündigung** sind betriebliche Gründe ausschlaggebend, beispielsweise der Verlust eines Kunden und der damit verbundene Stellenabbau. Der Arbeitgeber muss dann eine **Sozialauswahl** treffen, in der er folgende Aspekte der potentiell zu kündigenden Arbeitnehmer zu berücksichtigen und zu vergleichen hat, § 1(3) KSchG:

- Betriebszugehörigkeit
- Alter
- Unterhaltspflichten
- Schwerbehinderung

Die Kündigung muss dann demjenigen Arbeitnehmer gegenüber erfolgen, der aufgrund dieser Sozialauswahl am wenigsten schützenswert ist.

Wegen Arbeitsmangels muss ein Mitarbeiter entlassen werden.

Zur Auswahl stehen:
- Mitarbeiter Anders, 28 Jahre, ledig, seit drei Jahren im Betrieb
- Mitarbeiter Bein, 47 Jahre, ledig, schwerbehindert, seit zwölf Jahren im Betrieb
- Mitarbeiter Corizo, 39 Jahre, verheiratet, drei Kinder, seit sieben Jahren im Betrieb

Ergebnis:
Es ist grundsätzlich dem Mitarbeiter Anders zu kündigen, da er am wenigsten schützenswert ist

Müssen mehrere Mitarbeiter auf einmal betriebsbedingt gekündigt werden, kann von dieser strikten Vorgabe abgewichen werden, da sonst (übertrieben ausgedrückt) nur alte und kranke Mitarbeiter im Unternehmen übrigbleiben würden. Der Arbeitgeber darf dann hier auf eine „gesunde" Altersstruktur im Unternehmen achten.

Bei der **verhaltensbedingten Kündigung** liegt der Kündigungsgrund im Verhalten des Arbeitnehmers.

Wiederholtes Zuspätkommen oder Beleidigung eines Vorgesetzten

Bevor eine ordentliche verhaltensbedingte Kündigung ausgesprochen werden darf, sind eine oder mehrere Abmahnungen notwendig. Nur bei extremen Verstößen, beispielsweise einem tätlichen Angriff gegenüber einem Vorgesetzten, kann eine außerordentliche Kündigung ausgesprochen werden, zu der keine Abmahnung notwendig ist.

1.4 Beendigung von Arbeitsverhältnissen

Die Abmahnung sollte zu Beweiszwecken unbedingt schriftlich erfolgen, muss einen konkreten Sachverhalt benennen (Dokumentationsfunktion) sowie deutlich ausdrücken, dass dieses Verhalten nicht mehr geduldet wird (Hinweisfunktion) und dass im Wiederholungsfall mit arbeitsrechtlichen Maßnahmen wie einer Kündigung zu rechnen ist (Warnfunktion).

Es muss sich bei dem abgemahnten Verhalten und dem, das dann zu einer Kündigung führt, um einen gleichartigen Verstoß handeln.

Arbeitnehmer B. Quem wurde einmal abgemahnt wegen Schlechtleistung, ein anderes Mal wegen eines Verstoßes gegen die Unfallverhütungsvorschriften und ein drittes Mal wegen ungebührlichen Verhaltens gegenüber einem Vorgesetzten. Als er heute eine Stunde zu spät zur Arbeit erscheint, will ihn Personalchef Streng kündigen.

Ergebnis:
Es ist keine rechtswirksame Kündigung möglich, da diese Art von Fehlverhalten noch nicht abgemahnt wurde.

Beispiel Abmahnung

Ort, Datum
Adressat
Abmahnung
Am 2. März 2021 sind Sie zum wiederholten Male unentschuldigt nicht zur Arbeit erschienen.
Wir werden ein solches Verhalten in Zukunft nicht mehr dulden und fordern Sie auf, zukünftig ein solches Verhalten zu unterlassen und regelmäßig zur Arbeit zu erscheinen bzw. sich im Verhinderungsfall ordnungsgemäß zu entschuldigen.
Sollte es nochmal zu einem solchen Vorfall kommen, sehen wir uns gezwungen, weitere arbeitsrechtliche Maßnahmen bis zur Kündigung zu ergreifen.
Unterschrift   Arbeitgeber / Arbeitgebervertreter

Die dritte Art ist die **personenbedingte Kündigung**. Hier liegt der Kündigungsgrund in der Person, nicht in seinem Verhalten.

Beendigung von Arbeitsverhältnissen 1.4

Arbeitnehmer Blau verliert wegen einer privaten Trunkenheitsfahrt den Führerschein.

Ergebnis:
Ihm gegenüber kann eine personenbedingte Kündigung ausgesprochen werden, da er nun seine Tätigkeit als Lkw-Fahrer aus Gründen nicht mehr ausüben kann, die in seiner Person (nicht im Besitz einer gültigen Fahrerlaubnis) liegen.
Eine zusätzliche Voraussetzung ist allerdings, dass es im Betrieb keine andere geeignete Stelle für Blau gibt, auf der er auch ohne Führerschein arbeiten kann.

Auch Krankheit kann ein Grund für eine personenbedingte Kündigung sein. Hier ist vor einer Kündigung nach der sogenannten „Drei-Stufen-Theorie" vorzugehen.

Es muss eine **negative Zukunftsprognose** (1. Stufe) vorliegen, ob und wenn ja wann der Arbeitnehmer wieder einsatzfähig ist. Dabei ist der Arbeitnehmer verpflichtet, ein aussagekräftiges ärztliches Attest zu beschaffen bzw. für eine entsprechende Untersuchung zur Verfügung zu stehen.

Zudem ist zu überprüfen, ob die Krankheit des Arbeitnehmers und sein damit verbundenes Fehlen am Arbeitsplatz zur **Beeinträchtigung betrieblicher Interessen** (2. Stufe) führt.

Letztlich ist eine **Interessenabwägung** (3. Stufe) durchzuführen, ob die Interessen des Arbeitnehmers am Erhalt seines Arbeitsplatzes oder die Interessen des Arbeitgebers bezüglich einer gewissen Planungssicherheit überwiegen.

Nach einem Autounfall ist der Arbeitnehmer Diensttreu schon seit zwölf Monaten krankgeschrieben. In einem Arztattest, das er seinem Arbeitgeber vorlegt, steht, dass es nicht sicher ist, ob Diensttreu überhaupt je wieder arbeiten kann.

Ergebnis:
In diesem Fall dürfte der Arbeitgeber grundsätzlich gute Chancen haben, dass eine ordentliche personenbedingte Kündigung auch vor dem Arbeitsgericht Bestand hat.

Regelmäßige Kurzerkrankungen wegen verschiedener Krankheiten berechtigen grundsätzlich nicht zu einer Kündigung seitens des Arbeitgebers.

1.4 Beendigung von Arbeitsverhältnissen

Auch hier ist nach der Drei-Stufen-Theorie vorzugehen, doch schon die negative Zukunftsprognose dürfte sehr schwer zu begründen sein.

Eine Variante der ordentlichen Kündigung ist die **Änderungskündigung**. In diesem Fall wird dem Arbeitnehmer das Arbeitsverhältnis gekündigt und gleichzeitig ein Fortbestand unter geänderten Bedingungen angeboten.

Arbeitgeber Geldknapp kündigt dem Arbeitnehmer Meister gegenüber den bestehenden Arbeitsvertrag, wonach dieser im Werk Altstadt für 13,50 €/h arbeitet. Gleichzeitig bietet er ihm den Fortbestand des Arbeitsverhältnisses zu folgenden Bedingungen an: 13,00 €/h im Werk Neustadt.

Außerordentliche Kündigung

Eine außerordentliche oder auch fristlose Kündigung kann jederzeit aus wichtigem Grund erfolgen. Ein wichtiger Grund liegt vor, wenn es dem Kündigenden nicht zumutbar ist, die ordentliche Kündigungsfrist abzuwarten, § 626 (1) BGB.

Prokurist B. Trüger stiehlt aus der Kasse seines Arbeitgebers 1.000 Euro

Die Kündigung kann nur innerhalb von zwei Wochen erfolgen, § 626 (2) BGB, und muss dem Gekündigten auch innerhalb dieser Frist zugehen.

Weitere Gründe für eine außerordentliche Kündigung können u. a. sein:

- Ausländerfeindliche / rechtsradikale Äußerungen
- körperliche oder massive verbale Angriffe auf Kollegen, Vorgesetzte oder Kunden
- geschäftsschädigendes Verhalten wie Akquise für Konkurrenzunternehmen bei Kunden des Arbeitgebers

Es empfiehlt sich, in der außerordentlichen Kündigung den konkreten Kündigungsgrund zu nennen, da der Kündigungsgrund nach § 626 (2) BGB dem anderen auf Verlangen sowieso schriftlich mitzuteilen ist.
Formulierungen wie außerordentliche Kündigung „wegen wiederholter schwerer Verstöße gegen das Arbeitsverhältnis" reichen nicht aus.

Zwei Varianten mit geringerer Relevanz sind zum einem die Verdachtskündigung, die bei dringendem Tatverdacht ausgesprochen werden kann, und die Druckkündigung, bei der auf Druck der anderen Arbeitnehmer die Kündigung erfolgt.

Verdachtskündigung
Aus einem Arbeitsraum wird ein wertvoller Computer entwendet. Da nur die Mitarbeiter Bonnie und Kleid Schlüssel zu dem Raum hatten, muss einer von beiden der Täter sein.

Ergebnis:
In diesem Fall kann der Arbeitgeber gegebenenfalls beiden Arbeitnehmern kündigen, da es nicht zumutbar ist, dass er einen Dieb weiter beschäftigt, auch wenn dadurch ein Unschuldiger seine Arbeit verliert.

Druckkündigung
Die Mitarbeiter Anton, Berner, Carlson, Denner, Ernst und Friedrich kommen gemeinsam zum Arbeitgeber mit folgender Forderung: Entweder der Arbeitgeber entlässt den Arbeitnehmer Xantippe oder alle sechs kündigen. Xantippe würde sie nämlich regelmäßig anschreien, bedrohen und sei dienstlich zu keinerlei Ansprachen bereit.

Ergebnis:
Hier kann eine Kündigung von Xantippe berechtigt sein, da der Arbeitgeber sonst sechs Mitarbeiter auf einmal verliert.

In beiden Fällen muss der Arbeitgeber aber im Rahmen seiner Fürsorgepflicht handeln und darf den Betroffenen nicht ohne Anhörung und Abwägung der Interessen kündigen.

Bei bestimmten Personengruppen gibt es Sondervorschriften, die bei jeder Kündigung zu beachten sind.

Dies sind im Einzelnen:

Frauen im Mutterschutz, § 17 MuSchG:
Eine Kündigung darf nur nach vorheriger Zustimmung des **Integrationsamts** erfolgen, § 17 (2) MuSchG. Dabei darf der Kündigungsgrund (natürlich) nichts mit der Schwangerschaft zu tun haben.

1.4 Beendigung von Arbeitsverhältnissen

Schwerbehinderte:
Eine Kündigung darf auch hier nur nach vorheriger Zustimmung des Integrationsamts erfolgen, § 168 SGB IX.
§ 173 SGB IX beinhaltet davon einige Ausnahmen, von denen die wichtigste die ist, dass dieser spezielle Kündigungsschutz für Schwerbehinderte erst eingreift, wenn der Schwerbehinderte mehr als sechs Monate beschäftigt wurde.

Gibt es im Unternehmen eine Schwerbehindertenvertretung, so ist diese anzuhören. Wird dies vom Arbeitgeber unterlassen, ist die Kündigung unwirksam, § 178 (2) SGB IX.

Auszubildende:
Nach § 22 BBiG können Auszubildende nach der Probezeit vom Ausbildenden nur aus wichtigem Grund außerordentlich gekündigt werden. Eine ordentliche Kündigung seitens des Ausbildenden ist ausgeschlossen.

Betriebsräte, Jugend- und Auszubildendenvertreter:
Nach § 15 KSchG, § 103 BetrVG darf der Arbeitgeber Betriebsräte und Jugend- und Auszubildendenvertreter nur aus wichtigem Grund kündigen und auch nur dann, wenn der Betriebsrat vorher zugestimmt hat.

Alle vier Personengruppen (Schwangere, Auszubildende, Schwerbehinderte, Betriebsräte) haben einen **Kündigungsschutz**, aber keinen Befristungs- oder Anfechtungsschutz.

Einschaltung der Organe der Mitbestimmung in den Kündigungsschutz

Vor **jeder** Kündigung ist der Betriebsrat (soweit vorhanden) zu hören, § 102 BetrVG, sonst ist die Kündigung unwirksam. Hat der Betriebsrat gegen eine ordentliche Kündigung Bedenken, so muss er dies dem Arbeitgeber innerhalb einer Woche (außerordentliche Kündigung: drei Tage) mitteilen. Hat er sich nicht geäußert, gilt die Kündigung als genehmigt.

Der außerordentlichen Kündigung von Betriebsratsmitgliedern, Jugend- und Auszubildendenvertretern o. ä. muss der Betriebsrat, wie gerade ausgeführt, zustimmen, § 103 BetrVG.

Möglichkeiten des Arbeitnehmers gegen die Kündigung

Die sinnvollste Möglichkeit des Arbeitnehmers, gegen eine Kündigung durch den Arbeitgeber vorzugehen, ist die **Kündigungsschutzklage** beim zuständigen Arbeitsgericht, § 4 KSchG.

Dabei ist die Drei-Wochen-Frist ab Zugang zu beachten. Wird die Klage danach eingereicht, ist sie verspätet – und damit die Kündigung wirksam, § 7 KSchG.

Eine weitere Möglichkeit ist der **Kündigungseinspruch** beim Betriebsrat, § 3 KSchG. Dabei ist jedoch zu beachten, dass dies die Kündigungsschutzklage nicht ersetzt. Das heißt, wenn diese nicht zusätzlich innerhalb drei Wochen erhoben wird, ist die Kündigung wirksam.

Bei betriebsbedingter Kündigung hat der Arbeitnehmer einen Anspruch auf Abfindung mit Ablauf der Kündigungsfrist. Die Höhe beträgt 0,5 Bruttomonatsgehälter pro Beschäftigungsjahr, § 1a KSchG.

Art und Inhalt des einfachen und des qualifizierten Zeugnisses

Jeder Arbeitnehmer hat Anspruch auf ein (qualifiziertes) Zeugnis, § 630 S. 4 BGB, § 109 GewO.

Die Details dazu sind im Rahmen der Ausbildereignungsprüfung nach AEVO prüfungsrelevant, hier jedoch nur am Rande. Es sollte jedoch der Unterschied zwischen einem einfachen und einem qualifizierten Zeugnis bekannt sein:

In einem einfachen Zeugnis werden nur die Dauer und die Tätigkeit durch den Arbeitgeber beschrieben.

In einem qualifizierten Zeugnis erfolgt zusätzlich eine Bewertung der Leistungen und des Verhaltens des Arbeitnehmers.

1.4 Beendigung von Arbeitsverhältnissen

Muster für ein Zeugnis mit Gesamtnote „gut":

Zeugnis

Herr Max Mustermann, geboren am 09.09.1990, war vom 01.04.2010 bis zum 31.03.2018 als Objektleiter in verschiedenen Kundenobjekten unseres Unternehmens tätig.

Unternehmensbeschreibung (Einleitung)
Wir sind ein mittelständisches Sicherheitsunternehmen. Derzeit beschäftigen wir 140 Mitarbeiter. Der Unternehmenssitz ist Hamburg.

Tätigkeitsbeschreibung
Zu Herrn Mustermanns Aufgaben gehörten folgende Tätigkeiten:
- Erstellen von Dienstplänen
- Ansprechpartner des jeweiligen Kunden
- ...

Leistungsbeurteilung:
Herr Mustermann war stets sehr motiviert. Er fand sich in neuen Situationen stets voll und sicher zurecht. Herr Müller verfügt über eine beachtliche und sehr große Berufserfahrung. Herr Müller hatte ein sicheres Gespür für das Wesentliche und Wichtige und arbeitete stets zielgerichtet, sehr gewissenhaft und methodisch.

Sozialverhalten:
Die ihm übertragenen Aufgaben erfüllte er stets zu unserer vollen Zufriedenheit.
Herr Mustermann war allseits beliebt und sein Verhalten gegenüber Vorgesetzten und Kollegen war stets vorbildlich. Herr Mustermann ist mit unseren Kunden aufgrund seiner freundlichen und sachlichen Art sowie seiner absolut serviceorientierten Haltung stets gut zurechtgekommen. Mit seinen Umgangsformen waren wir stets voll zufrieden.

Beendigungsgrund
Herr Mustermann scheidet auf eigenen Wunsch aus unserem Unternehmen aus.

Schlussformel
Wir danken Herrn Mustermann für seine erfolgreiche und stets produktive Zusammenarbeit und bedauern sein Ausscheiden sehr. Wir wünschen ihm für seine Zukunft beruflich und persönlich alles Gute und weiterhin viel Erfolg.

Datum, Unterschrift
Hamburg, 30.03.2021
[Unterschrift]

Rechte und Pflichten nach Beendigung des Arbeitsverhältnisses

Bei der Beendigung eines Arbeitsverhältnisses hat der Arbeitgeber die Pflicht, dem Arbeitnehmer die Arbeitspapiere auszuhändigen.

Die Pflichten des Arbeitnehmers bestehen in der Rückgabe der zur Verfügung gestellten Arbeitsmittel sowie der Geheimhaltungspflicht hinsichtlich der Betriebsgeheimnisse, die er während des Arbeitsverhältnisses in der Firma erfahren hat.

Ein Wettbewerbsverbot des (ehemaligen) Arbeitnehmers gegenüber dem (ehemaligen) Arbeitgeber besteht grundsätzlich nicht. Eine Ausnahme regelt § 74 HGB, wonach das Wettbewerbsverbot schriftlich festgelegt werden muss und der (ehemalige) Arbeitnehmer mindestens 50 % seiner ehemaligen Bezüge erhält.

1.5 Geltungsbereich und Rechtswirksamkeit von Tarifverträgen

Tarifverträge werden zwischen einzelnen Arbeitgebern oder Arbeitgeberverbänden und Gewerkschaften ausgehandelt, § 2 (2) TVG.

> Tarifverträge werden nicht mit Betriebsräten geschlossen. Diese können jedoch Betriebsvereinbarungen mit dem Arbeitgeber vereinbaren (Details s. u.).

Ein Tarifvertrag regelt die Rechte und Pflichten der Tarifvertragsparteien und enthält Rechtsnormen, die den Inhalt, den Abschluss und die Beendigung von Arbeitsverhältnissen sowie betriebliche und betriebsverfassungsrechtliche Fragen ordnen können, § 1 TVG.

Tarifverträge bedürfen für ihre Gültigkeit der Schriftform, § 1 (2) TVG.

Tarifgebunden sind die Mitglieder der Tarifvertragsparteien und der Arbeitgeber, der selbst Partei des Tarifvertrags ist, § 3 (1) TVG, es sei denn, der Tarifvertrag wurde für allgemeinverbindlich erklärt, § 5 TVG.

In diesem Fall gilt der Tarifvertrag, wie der Name schon sagt, allgemein, es sind also alle Arbeitgeber und Arbeitnehmer der entsprechenden Branche daran gebunden.

Die Tarifgebundenheit bleibt bestehen, bis der Tarifvertrag endet, § 3 (3) TVG.

> Der Arbeitgeber Ach & Krach AG kündigt seine Mitgliedschaft im Arbeitgeberverband zum 31.12., obwohl der Tarifvertrag noch ein Jahr läuft.
>
> Ergebnis:
> Obwohl er nicht mehr Tarifpartei ist, bleibt er bis zum Ende des laufenden Tarifvertrags gegenüber allen Mitarbeitern tarifgebunden, die zum Zeitpunkt des Austritts schon beschäftigt waren.

Die Regelungen des Tarifvertrags, die den Inhalt, den Abschluss oder die Beendigung von Arbeitsverhältnissen ordnen, gelten unmittelbar und zwingend für alle Beteiligten, insbesondere für die Arbeitnehmer, § 4 (1) TVG.

Nach Ablauf des Tarifvertrages gelten dessen Rechtsnormen weiter, bis sie durch eine andere Abmachung ersetzt werden, § 4 (5) TVG.

Geltungsbereich und Rechtswirksamkeit von Tarifverträgen 1.5

Koalitionsfreiheit und Tarifautonomie

Die rechtlichen Grundlagen zu den Themen Koalitionsfreiheit und Tarifautonomie finden sich in Art. 9 (3) GG. Danach ist die Gründung von Gewerkschaften und Arbeitgeberverbänden zulässig, und es besteht eine positive und negative Koalitionsfreiheit, das heißt, man kann selbst entscheiden, ob man einer Gewerkschaft oder einem Arbeitgeberverband beitritt oder eben nicht.

Zudem ist hier die Tarifautonomie geregelt, das heißt, dass sich der Staat grundsätzlich aus diesem Bereich raushält und es den Tarifvertragsparteien überlässt, die Regelungen selbst zu treffen.

Jedoch gibt es staatliche Regelungen, die zugunsten der Arbeitnehmer „Mindeststandards" festlegen, beispielsweise das Bundesurlaubsgesetz oder Regelungen zum Thema Mindestlohn.

Tarifverträge

Wie oben ausgeführt, ist ein Tarifvertrag ein Vertrag zwischen den Tarifparteien. Davon gibt es verschiedene Arten:

- Manteltarifvertrag
- Lohn-/Gehaltstarifvertrag
- Firmentarifvertrag (wird von der Gewerkschaft mit einem einzelnen Arbeitgeber abgeschlossen)
- Flächentarifvertrag

Tarifbindung und Allgemeinverbindlichkeit

Wie oben schon erläutert, gelten Tarifverträge grundsätzlich nur für die Parteien, die den Vertrag abgeschlossen haben, § 3 TVG.

Arbeitgeberverband und Gewerkschaft der X-Branche schließen einen Tarifvertrag. Arbeitgeber Ach & Krach AG ist nicht im Arbeitgeberverband.

Ergebnis:
Der Arbeitgeber Ach & Krach AG muss sich nicht an den Tarifvertrag halten.

1.5 Geltungsbereich und Rechtswirksamkeit von Tarifverträgen

Eine Ausnahme davon ist die sogenannte Allgemeinverbindlichkeit eines Tarifvertrags, § 5 TVG.

Diese ist gegeben, wenn tarifgebundene Arbeitgeber nicht weniger als 50 % der unter den Geltungsbereich des Tarifvertrags fallenden Arbeitnehmer beschäftigen und die Allgemeinverbindlichkeit im öffentlichen Interesse geboten erscheint.

1.6 Rechtliche Rahmenbedingungen von Arbeitskämpfen

Auch das Recht auf „Arbeitskämpfe" wie beispielsweise Streik und Aussperrung ist in Art. 9 (3) GG rechtlich festgelegt.

Interessenkonflikte als Ursache von Arbeitskämpfen

Ursache von Arbeitskämpfen sind die unterschiedlichen Interessen der Tarifvertragsparteien. Während die Arbeitgeberseite für möglichst wenig Entgelt möglichst viel Arbeitszeit und -leistung möchte, ist es bei den Arbeitnehmern bzw. der Gewerkschaft als Arbeitnehmervertreter genau umgekehrt. Arbeitskämpfe sind daher ein beiderseitiges Mittel, die jeweiligen Interessen durchzusetzen.

Formen und Beendigung der Arbeitskampfmittel

Die bekannteste Form des Arbeitskampfs ist der Streik seitens der Arbeitnehmer. Damit ein Streik rechtlich in Ordnung ist, müssen jedoch folgende Regeln beachtet werden:

- Der Streik muss von der zuständigen Gewerkschaft ausgerufen werden (nicht vom Betriebsrat oder den Arbeitnehmern selbst!).
- Der Streik muss sich gegen die andere Tarifvertragspartei (Arbeitgeber/Arbeitgeberverband) richten. Politische Streiks beispielsweise gegen die Politik der Bundesregierung sind dagegen unzulässig.
- Die Friedenspflicht des (laufenden) Tarifvertrags muss erloschen sein, es darf kein gültiger Tarifvertrag mehr vorliegen.
- Die Forderungen müssen tarifvertraglich regelbar sein, beispielsweise solche nach höheren Löhnen.
- Alle anderen Verhandlungsmöglichkeiten einschließlich Schlichtung wurden ausgeschöpft (ein Streik darf nur das letze Mittel, „ultima ratio", sein).
- Der Streik muss verhältnismäßig sein, das heißt beispielsweise es dürfen nicht gezielt die Existenzvernichtung eines Arbeitgebers betrieben oder Streikbrecher daran gehindert werden, zu ihrem Arbeitsplatz zu gelangen.
- Ein sogenannter Warnstreik, also eine kurzzeitige Arbeitsniederlegung, ist jedoch auch während laufender Tarifverhandlungen grundsätzlich zulässig.
- Unterstützungsstreiks (Solidaritätsstreiks) zugunsten der Arbeitnehmer anderer Branchen sind dagegen verboten.

Werden die vorgenannten Regeln nicht beachtet, handelt es sich um einen sogenannten **wilden Streik**.

1.6 Rechtliche Rahmenbedingungen von Arbeitskämpfen

> Weil die Ach & Krach AG eine Rüstungsfirma mit Bauteilen beliefert, streiken die Arbeitnehmer nach Aufforderung durch den Betriebsrat, weil sie Rüstungsexporte in Krisengebiete verhindern wollen.
>
> Ergebnis:
> Der Streik ist unrechtmäßig, weil er nicht von der (zuständigen) Gewerkschaft ausgerufen wurde und zudem kein Ziel hat, das in einem Tarifvertrag geregelt werden kann.

Auf unzulässige Streiks kann der Arbeitgeber mit Abmahnung, gegebenenfalls sogar mit Kündigung reagieren. Zudem haben die Arbeitnehmer keinen Anspruch auf Entgeltzahlungen, und der Arbeitgeber kann Schadensersatzansprüche geltend machen.

Handelt es sich um einen rechtmäßigen Streik, ist der Arbeitgeber von seiner Entgeltpflicht ebenfalls befreit, das Entgelt der Arbeitnehmer übernimmt in diesem Fall die Gewerkschaft, die zum Streik aufgerufen hat.

Das „Gegenmittel" zum Streik ist für die Arbeitgeber die **Aussperrung**. Hier verweigert der Arbeitgeber den Arbeitnehmern den Zugang zum Arbeitsplatz. Auch in diesem Fall muss er kein Entgelt bezahlen, die Gewerkschaft tritt ein.

Kommen die Tarifparteien zu keinem Ergebnis, kann die Schlichtung angerufen werden. In diesem Fall versucht ein unabhängiger Schlichter, der von beiden Seiten angefordert werden kann, einen tragbaren Kompromiss zu finden. Der Schlichterspruch ist aber nicht bindend.

2 Betriebsverfassungsgesetz / Personalvertretungsrecht

2.1 Rechte und Pflichten des Betriebsrats aus dem BetrVG

Gesetzliche Regelungen zum Thema Betriebsrat gibt es in Deutschland seit 1920 (Betriebsrätegesetz). Das Betriebsverfassungsgesetz (BetrVG) gibt es in seiner Urform seit 1952.

Zunächst ist zu klären, was der Unterschied zwischen einem Betriebsrat und einem Aufsichtsrat, der die Arbeitnehmer vertritt, ist.

Ein Betriebsrat ist ausschließlich die Vertretung der Arbeitnehmer im Betrieb gegenüber dem Arbeitgeber. Dabei stehen personelle und soziale Belange im Vordergrund.

Ein Aufsichtsrat einer Kapitalgesellschaft muss neben Arbeitnehmerinteressen auch wirtschaftliche Belange des Betriebes berücksichtigen, steht also im Gegensatz zum Betriebsrat nicht ausschließlich auf der Seite der Arbeitnehmer.

Das Betriebsverfassungsgesetz (BetrVG) regelt einerseits die Stellung und die Rechte des Betriebsrats als Arbeitnehmervertretung und andererseits das Zusammenwirken von Arbeitgeber und Arbeitnehmern vertreten durch den Betriebsrat.

Die Rechte werden wie folgt unterschieden:

- Mitbestimmungsgesetze
- Mitwirkungsrechte
- Mitbestimmungsrechte

Mitbestimmungsgesetze

Mitbestimmungsgesetze beziehen sich auf die Unternehmensmitbestimmung im Aufsichtsrat seitens der Arbeitnehmervertreter. Prüfungsrelevant sind folgende drei Mitbestimmungsgesetze:

2.1 Rechte und Pflichten des Betriebsrats aus dem BetrVG

Montanmitbestimmungsgesetz (MontanMitbestG)

Dieses kommt in Unternehmen zum Tragen, die im Bereich Steinkohle, Braunkohle oder Eisenerz tätig sind, § 1 (1) MontanMitbestG, als Aktiengesellschaft oder GmbH betrieben werden und in der Regel mehr als 1.000 Arbeitnehmer beschäftigen, § 1 (2) MontanMitbestG. Liegen die Voraussetzungen vor, besteht der Aufsichtsrat aus elf Mitgliedern, fünf der Anteilseigner, fünf der Arbeitnehmer und einem weiteren (neutralen) Mitglied, § 4 MontanMitbestG.

Mitbestimmungsgesetz (MitbestG)

Das Mitbestimmungsgesetz gilt für Aktiengesellschaften, Kommanditgesellschaften auf Aktien, Gesellschaften mit beschränkter Haftung oder Genossenschaften mit in der Regel mehr als 2.000 Arbeitnehmern, § 1 MitbestG.

Der Aufsichtsrat setzt sich paritätisch aus Anteilseignern und Arbeitnehmern zusammen, mindestens je sechs, § 7 MitbestG. Der Vorsitz, die Beschlussfähigkeit und die Abstimmung im Aufsichtsrat ergeben sich aus §§ 27-29 MitbestG.

Drittelbeteiligungsgesetz

Das Drittelbeteiligungsgesetz (DrittelbG) gilt für dieselben Unternehmen wie das Mitbestimmungsgesetz, allerdings bei einer Arbeitnehmerzahl im Unternehmen von 500 bis 2.000 Arbeitnehmern. Hier beträgt der Anteil der Arbeitnehmer im Aufsichtsrat ein Drittel, daher Drittelbeteiligungsgesetz, § 4 DrittelbG.

Mitwirkungsrechte / Mitbestimmungsrechte, §§ 87 - 113 BetrVG

Der Betriebsrat hat verschiedene Mitwirkungs- und Mitbestimmungsrechte. Diese sind in den §§ 87-113 Betriebsverfassungsgesetz geregelt.

Dabei wird unterschieden, ob der Betriebsrat mitbestimmen kann. Wichtigstes Beispiel ist § 87 BetrVG, oder ob im Gesetz nur eine Mitwirkung vorgesehen ist. Diese kann von einer reinen Information (Beispiel: § 106 BetrVG, Unterrichtung in wirtschaftlichen Angelegenheiten) über eine Anhörung (Beispiel: § 102 BetrVG bei Kündigungen) bis zu einer beratenden Funktion des Betriebsrates gehen.

§§ 96 ff. BetrVG (Berufsbildung)
Die Mitwirkungsrechte im Überblick sind:
- Informationsrechte
- Anhörungsrechte
- Vorschlagsrechte
- Beratungsrechte
- Widerspruchsrechte
- Mitbestimmungsrechte

Können sich Arbeitgeber und Betriebsrat bei einem mitbestimmungspflichtigen Vorhaben nicht einigen, kann die Einigungsstelle angerufen werden, § 76 BetrVG. Diese setzt sich aus der gleichen Anzahl von Beisitzern beider Seiten und einem neutralen Vorsitzenden zusammen.

Wird die Einigungsstelle auf Antrag nur einer Seite (Arbeitgeber oder Betriebsrat) tätig, ist deren Spruch bindend wie eine Betriebsvereinbarung, § 76 (5) BetrVG. Gegen den Spruch ist eine Klage vor dem Arbeitsgericht nur innerhalb von zwei Wochen zulässig.

Wird die Einigungsstelle dagegen auf Antrag beider Seiten tätig, ist der Spruch nur bindend, wenn beide Seiten zustimmen, § 76 (6) BetrVG.

Verbot parteipolitischer Betätigung im Betrieb

Nach § 74 (2) S. 3 BetrVG haben Arbeitgeber und Betriebsrat jede parteipolitische Betätigung im Betrieb zu unterlassen. Der Sinn dieser Vorschrift ist, den Betriebsfrieden nicht zu stören.

Der Betriebsrat verteilt an die Belegschaft Handzettel, mit der Aufforderung, bei der nächsten Bundestagswahl die Partei „Demokratie für alle" zu wählen, da diese die Rechte der Gewerkschaften stärken will.

Die zuständige Gewerkschaft möchte, dass in einer Betriebsversammlung ein Politiker zum Thema „soziale Gerechtigkeit" spricht.

2.2 Aufgaben und Stellung des Betriebsrats und das Wahlverfahren

Die Zusammenarbeit zwischen Arbeitgeber und Betriebsrat ist in § 2 (1) BetrVG geregelt. Danach arbeiten Arbeitgeber und Betriebsrat unter Beachtung der geltenden Tarifverträge vertrauensvoll und im Zusammenwirken mit den im Betrieb vertretenen Gewerkschaften und Arbeitgebervereinigungen zum Wohl der Arbeitnehmer und des Betriebs zusammen.

Zu diesem Zweck sollen sich beide Seiten mindestens einmal pro Monat treffen, § 74 (1) BetrVG.

Eine Grundaufgabe beider ist es, die Einhaltung des Gleichbehandlungsgrundsatzes im Betrieb zu gewährleisten. Insbesondere haben sie darauf zu achten, dass es zu keiner Benachteiligung besonderer Gruppen im Betrieb (z. B. Jugendlicher, Behinderter, weiblicher, älterer oder ausländische Arbeitnehmer) kommt, § 75 BetrVG.

Organe und Tätigkeiten des Betriebsrats

Der Betriebsrat besteht aus mindestens einer Person. Je mehr wahlberechtigte Arbeitnehmer es im Betrieb gibt, desto mehr Mitglieder hat der Betriebsrat, § 9 BetrVG. Zu beachten ist jedoch, dass es keinen Betriebsrat in einem Unternehmen geben muss.

Scheidet ein Betriebsratsmitglied aus, rückt ein Ersatzmitglied nach, § 25 BetrVG. Gibt es mehr als ein Betriebsratsmitglied, wählt der Betriebsrat einen Vorsitzenden und einen Stellvertreter, § 26 BetrVG.

Hat ein Betriebsrat neun oder mehr Mitglieder, so bildet er einen Betriebsausschuss, § 27 BetrVG. Die Aufgabe eines Betriebsausschusses ist es, die laufenden Geschäfte des Betriebsrates zu führen, § 27 (2) BetrVG.

Bestehen in einem Unternehmen mehrere Betriebsräte, ist ein Gesamtbetriebsrat zu errichten, §§ 47 ff. BetrVG.

In einem Konzern kann durch Beschlüsse der einzelnen Gesamtbetriebsräte ein Konzernbetriebsrat errichtet werden, §§ 54 ff. BetrVG.

In Betrieben mit in der Regel mindestens fünf Arbeitnehmern unter 18 Jahren oder Auszubildenden, die jünger als 25 Jahre alt sind, werden Jugend- und Auszubildendenvertretungen gewählt, §§ 60 ff. BetrVG.

Beschlüsse des Betriebsrats sind in § 33 BetrVG geregelt. Danach ist für Beschlüsse die einfache Mehrheit der Betriebsratsmitglieder notwendig. Beschlussfähigkeit ist gegeben, wenn mindestens die Hälfte der Mitglieder anwesend ist.

Bei der Ach & Krach AG besteht ein Betriebsrat mit neun Mitgliedern. Bei einer Betriebsratssitzung sind fünf Mitglieder anwesend. Bei einer Abstimmung stimmen drei Mitglieder für den Antrag.

Ergebnis:
Der Betriebsrat war beschlussfähig, der Beschluss ist gültig.

Tätigkeiten / Kosten des Betriebsrats

Die allgemeinen Aufgaben des Betriebsrats sind in § 80 BetrVG geregelt. So hat er beispielsweise darüber zu wachen, dass Gesetze, Unfallverhütungsvorschriften und Tarifverträge zugunsten der Arbeitnehmer eingehalten werden.

Alle im Zusammenhang mit dem Betriebsrat entstehenden Kosten trägt der Arbeitgeber, §§ 40 (1), 80 (3) BetrVG.

Der Betriebsrat verklagt den Arbeitgeber vor Gericht wegen der angeblichen Nichteinhaltung einer Betriebsvereinbarung und verliert den Prozess zu 100 %.

Ergebnis:
Der Arbeitgeber muss, obwohl er den Prozess gewonnen hat, alle entstandenen Kosten tragen.

Betriebsversammlung, § 42 BetrVG

In einer Betriebsversammlung kommen die Arbeitnehmer des Betriebs zusammen. Dabei können Fragen, die den Betrieb und die Mitarbeiter betreffen, erörtert werden. Betriebsversammlungen sind vierteljährlich durch den Betriebsrat einzuberufen, § 43 BetrVG, Leiter der Versammlung ist der Betriebsratsvorsitzende.

Neben den Arbeitnehmern gehören zu den Teilnehmern auch der Arbeitgeber und Beauftragte der für den Betrieb zuständigen Gewerkschaft sowie Beauftragte der Arbeitgebervereinigung, soweit der Arbeitgeber Mitglied ist. Externe Personen wie beispielsweise Vertreter politischer Parteien sind nicht zugelassen.

2.2 Aufgaben und Stellung des Betriebsrats und das Wahlverfahren

Besondere Rechtsstellung der Betriebsratsmitglieder

Die Tätigkeit der Betriebsratsmitglieder ist „ehrenamtlich" und damit theoretisch unentgeltlich, jedoch sind sie ohne Minderung ihres Arbeitsentgelts von ihrer Tätigkeit freizustellen, soweit sie als Betriebsratsmitglied tätig werden, beispielsweise bei Betriebsratssitzungen, § 37 BetrVG.

Dasselbe gilt auch, wenn ein Betriebsratsmitglied an Schulungsmaßnahmen teilnimmt, die Kenntnisse vermitteln, die für die Arbeit des Betriebsrats erforderlich sind. Die Kosten dafür trägt, wie oben erwähnt, auch in diesem Fall der Arbeitgeber.

Ab einer Anzahl von mindestens 200 Arbeitnehmern im Betrieb sind ein oder mehrere Betriebsratsmitglieder freizustellen, § 38 BetrVG.

Wie oben bereits ausgeführt, genießen Betriebsratsmitglieder einen besonderen Kündigungsschutz, §§ 15 KSchG, 103 BetrVG, können also nicht ordentlich gekündigt werden. Dadurch soll verhindert werden, dass der Arbeitgeber missliebige Betriebsratsmitglieder einfach loswerden kann.

Daher ist eine Kündigung nur aus wichtigem Grund und nur mit Zustimmung des Betriebsrates möglich. Verweigert der Betriebsrat seine Zustimmung, muss der Arbeitgeber die Zustimmung vor dem Arbeitsgericht einklagen, § 103 (2) BetrVG.

Wahlverfahren

Es gibt keine Pflicht, dass in einem Unternehmen ab einer bestimmten Größe ein Betriebsrat bestehen muss.

Ein Betriebsrat kann aber gewählt werden, wenn mindestens fünf Arbeitnehmer wahlberechtigt sind und davon drei wählbar, § 1 BetrVG.

Ein aktives Wahlrecht haben alle Arbeitnehmer ab 18 Jahren sowie Leiharbeiter, die mindestens drei Monate im Betrieb eingesetzt sind, § 7 BetrVG, Ein passives Wahlrecht (Wählbarkeit) haben alle Arbeitnehmer, die aktives Wahlrecht haben und mindestens sechs Monate dem Betrieb angehören, § 8 BetrVG.

Betriebsratswahlen finden alle vier Jahre statt, §§ 13 ff. BetrVG.

Keine Betriebsratswahlen gibt es in Tendenzbetrieben und Religionsgemeinschaften, § 118 BetrVG. Dazu gehören beispielsweise Gewerkschaften, Kirchen und Parteien.

Für diese gilt das Betriebsverfassungsgesetz nicht, es gibt also auch keinen Betriebsrat.

Zur Durchführung der Betriebsratswahl wird ein Wahlvorstand bestellt, §§ 16, 17 BetrVG.

Ziel und Aufgaben der Betriebsvereinbarung, § 77 BetrVG

Bei einer Betriebsvereinbarung handelt es sich um einen schriftlichen Vertrag zwischen Arbeitgeber und Betriebsrat. In dieser Betriebsvereinbarung können beispielsweise zusätzliche Maßnahmen zur Verhütung von Arbeitsunfällen geregelt werden, § 88 BetrVG.

Die Betriebsvereinbarung ist von beiden Seiten zu unterschreiben und gilt unmittelbar und zwingend, das heißt, sie ist für die Arbeitnehmer verbindlich. Sie ist vom Arbeitgeber an geeigneter Stelle im Betrieb auszulegen, damit die Arbeitnehmer sie einsehen können.

Zu beachten ist aber nach § 77 (3) BetrVG der Schutz der Tarifautonomie. Demnach können Arbeitsentgelte und sonstige Arbeitsbedingungen, die üblicherweise in einem Tarifvertrag festgelegt werden, nicht in einer Betriebsvereinbarung geregelt werden, es sei denn, dies wäre im Tarifvertrag ausdrücklich zugelassen, § 4 (3) TVG. Damit soll verhindert werden, dass Tarifverträge durch Betriebsvereinbarungen unterlaufen werden.

2.3 Grundlagen der Arbeitsgerichtsbarkeit

Die Zuständigkeit der Arbeitsgerichte ist nach § 2 Arbeitsgerichtsgesetz (ArbGG) in Streitigkeiten zwischen Arbeitgeber und Arbeitnehmer, Streitigkeiten von Tarifvertragsparteien und Streitigkeiten über das Betriebsverfassungsgesetz gegeben. Die örtliche Zuständigkeit eines Arbeitsgerichts ergibt sich aus dem Gerichtsstand des Arbeitsortes, also dem Ort, an dem der Arbeitnehmer tätig ist.

Arbeitnehmer A wohnt in Neustadt und arbeitet in Altstadt für ein Unternehmen, dessen Sitz in Jungstadt ist.

Ergebnis:
Zuständig ist das Arbeitsgericht, in dessen Bezirk Altstadt liegt.

Aufbau und Besetzung der Arbeitsgerichte

Es gibt drei Instanzen in Arbeitsgerichtssachen, § 1 ArbGG:

- Arbeitsgericht, §§ 8 ff. ArbGG
- Landesarbeitsgericht, § 33 ff. ArbGG
- Bundesarbeitsgericht, §§ 40 ff. ArbGG

Unabhängig vom Streitwert ist das Arbeitsgericht bei allen Fällen in erster Instanz zuständig, § 8 (1) ArbGG.

Nach Klageeinreichung erfolgt ein Gütetermin, der vom Vorsitzenden Richter durchgeführt wird. Hier soll geklärt werden, ob es zu einer gütlichen Einigung zwischen den Parteien kommen kann, § 54 ArbGG.
Ist dies nicht der Fall, kommt es zu einem sogenannten Kammertermin, in dem neben dem Vorsitzenden Richter auch zwei ehrenamtliche Richter anwesend sind.

Von den ehrenamtlichen Richtern kommen je einer aus dem Arbeitgeber- und einer aus dem Arbeitnehmerbereich, § 16 (2) ArbGG.

Gegen ein Urteil des Arbeitsgerichts kann Berufung zum Landesarbeitsgericht eingelegt werden, § 8 (2) ArbGG. Die Besetzung der Kammern ist dort wie am Arbeitsgericht – ein Vorsitzender Richter und zwei ehrenamtliche Richter, § 35 (2) ArbGG. Gegen ein Urteil des Landesarbeitsgerichts kann Revision zum Bundesarbeitsgericht eingelegt werden, § 8 (3) ArbGG.

Die dortigen Senate haben folgende Zusammensetzung: Ein Vorsitzender Richter, zwei Berufsrichter als Beisitzer und zwei ehrenamtliche Richter.

Grundsätze des Arbeitsgerichtsverfahrens

Arbeitsgerichtsverfahren werden grundsätzlich im Urteilsverfahren (Ausnahme: betriebsverfassungsrechtliche Streitigkeiten: Beschlussverfahren) durchgeführt.

Zunächst muss eine Klage schriftlich in dreifacher Ausfertigung beim zuständigen Gericht eingereicht werden. Diese kann ein Arbeitnehmer entweder selbst, durch einen Rechtsanwalt oder auch zu Protokoll der Geschäftsstelle beim zuständigen Arbeitsgericht einreichen. Von dieser Klage erhält der Beklagte zwei der drei Ausfertigungen (eine für ihn, eine für seinen Rechtsanwalt).

Im nächsten Schritt wird ein Gütetermin durchgeführt (s. o.), aber auch danach ist jederzeit im Verfahren eine gütliche Einigung anzustreben. Kommt es zu keiner Einigung, erhält der Beklagte eine Frist, in der er sich zur Klage äußern kann. Dabei gilt für beide Parteien, dass die Behauptungen in Klage und Klageerwiderung jeweils unter Beweis gestellt werden müssen, beispielsweise durch Vorlage von Schriftstücken (Arbeitsvertrag) oder Benennung von Zeugen.

Diese Beweise werden dann im sogenannten Kammertermin begutachtet. Wenn sich die Parteien weiterhin nicht einigen können, wird durch das Gericht ein Urteil gefällt.

In der ersten Instanz besteht dabei kein Vertretungszwang, das heißt, man benötigt keinen Rechtsanwalt, sondern kann selbst vor Gericht auftreten.

In der zweiten Instanz müssen die Parteien durch einen Gewerkschaftsvertreter, einen Verbandsvertreter oder einen Rechtsanwalt vertreten sein. Ist dies nicht der Fall, wird die Partei, die nicht vertreten ist, so behandelt, als ob sie nicht da wäre (Folge: Versäumnisurteil).

Vor dem Bundesarbeitsgericht (dritte Instanz) muss eine Vertretung durch einen Rechtsanwalt erfolgen.

2.3 Grundlagen der Arbeitsgerichtsbarkeit

Klagearten, Rechtsmittel und Kosten von Arbeitsgerichtsverfahren

Als Klagearten kommen folgende in Frage:

Die **Kündigungsschutzklage** richtet sich, wie der Name schon sagt, gegen eine Kündigung des Arbeitgebers.

Die **Leistungsklage** zielt auf eine Leistung der beklagten Partei ab, beispielsweise auf Entgeltzahlung.

Im Rahmen einer **Feststellungsklage** kann beispielsweise die Feststellung eingeklagt werden, dass eine Eingruppierung im Tarifvertrag fehlerhaft festgelegt wurde.

Eine **Änderungsschutzklage** schließlich richtet sich gegen eine Änderungskündigung.

Daneben gibt es das (in der Prüfung irrelevante) Beschlussverfahren (siehe oben).

Die Kostenverteilung im Arbeitsgerichtsverfahren ist wie folgt: In der ersten Instanz trägt jeder seine Kosten selbst, egal wie der Prozess ausgeht.

> Arbeitnehmer Gutglaub klagt 1.000 Euro Lohn gegen seinen Arbeitgeber ein, die er nicht erhalten hat. Er gewinnt den Prozess zu 100 %.
>
> Ergebnis:
> Trotzdem muss er seine eigenen Kosten tragen (beispielsweise Anwaltskosten).

In der zweiten und dritten Instanz trägt der Verlierer die Kosten bzw. werden die Kosten geteilt, wenn der Kläger (nur) teilweise gewinnt.

Rechtsmittel gegen ein Urteil des Arbeitsgerichts

Gegen ein Urteil des Arbeitsgerichts kann innerhalb der Frist von einem Monat Berufung zum Landesarbeitsgericht eingelegt werden, wenn der Beschwerdewert über 600 Euro liegt, es sich um ein Kündigungsschutzverfahren handelt oder die Berufung durch das Arbeitsgericht zugelassen wurde.

Gegen eine Entscheidung des Landesarbeitsgerichts kann gegebenenfalls eine Revision eingelegt werden.

Im Beschlussverfahren gibt es u. a. drei Antragsarten, nämlich Feststellungsanträge, Leistungsanträge und Unterlassungsanträge.

Im Arbeitsgerichtsverfahren gilt (außer im Beschlussverfahren) nicht der Amtsermittlungsgrundsatz, das heißt, das Gericht erforscht nicht von sich aus mögliche Beweismittel (wie im Sozialgerichtsverfahren). Die Parteien müssen vielmehr alle für sie nützlichen Beweise und Fakten selbst vortragen, sonst werden diese nicht berücksichtigt.

Gegen Beschlüsse des Arbeitsgerichts kann Beschwerde zum Landesarbeitsgericht eingelegt werden. Gegen dessen Beschluss gibt es dann die Option der Rechtsbeschwerde zum Bundesarbeitsgericht.

2.4 Grundzüge der Sozialgerichtsbarkeit

Sozialgerichte sind zuständig für alle Streitigkeiten auf dem Gebiet des Sozialrechts (siehe Kapitel 3).

> Arbeitnehmer Schusselig erleidet einen Arbeitsunfall, die zuständige Berufsgenossenschaft erkennt diesen aber nicht an. Schusselig kann nun vor dem zuständigen Sozialgericht Klage einreichen, um eine Anerkennung zu erreichen.

Aufbau und Besetzung der Sozialgerichte

Die erste Instanz ist immer das Sozialgericht. Die Fachkammern bestehen aus einem Vorsitzenden Richter und zwei ehrenamtlichen Richtern, § 12 SGG.

Die zweite Instanz bilden die Landessozialgerichte. Hier werden Fachsenate gebildet, die aus einem Vorsitzenden Richter, zwei Berufsrichtern und zwei ehrenamtlichen Richtern bestehen, § 33 SGG.

Dritte Instanz ist das Bundessozialgericht. Auch hier gibt es Fachsenate, die aus einem Vorsitzenden Richter, zwei Berufsrichtern und zwei ehrenamtlichen Richtern bestehen, §§ 40, 33 SGG.

Grundsätze des Sozialgerichtsverfahrens

Grundsätzlich gibt es keine Klage gegen den Bescheid eines Sozialversicherungsträgers, sondern nur gegen dessen Widerspruchsbescheid.

> Arbeitnehmer Rüstig bekommt einen Rentenbescheid, mit dem er nicht einverstanden ist. Er muss dagegen zunächst Widerspruch beim Rententräger einlegen (sogenanntes Widerspruchsverfahren).

Die Frist dafür beträgt einen Monat, wenn der Bescheid eine Rechtsbehelfsbelehrung enthält.

Daraufhin muss der Sozialversicherungsträger einen Widerspruchsbescheid erlassen, in dem er auf die Einwände des Betroffenen hin den Bescheid entweder trotzdem aufrechterhält oder abändert.

Erst gegen den Widerspruchsbescheid kann dann Klage zum Sozialgericht erhoben werden.

In der Sozialgerichtsbarkeit gilt der Amtsermittlungsgrundsatz. Das Gericht muss die für ein Urteil wesentlichen Tatsachen von Amts wegen ermitteln.

Klagearten und Rechtsmittel von Sozialgerichtsverfahren

Die relevanten Klagearten sind:

- Leistungsklage
- Feststellungsklage
- Untätigkeitsklage
- Anfechtungsklage
- Verpflichtungsklage

Rechtsmittel und Kosten

Gegen ein Urteil des Sozialgerichts kann innerhalb eines Monats Berufung zum Landessozialgericht eingelegt werden.

Gegen ein Urteil des Landessozialgerichts kann innerhalb eines Monats Revision zum Bundessozialgericht eingelegt werden, wenn diese vom Landessozialgericht zugelassen worden ist.

Gerichtskosten fallen grundsätzlich keine an, es sei denn die Klage ist missbräuchlich o. ä.

Für die außergerichtlichen Kosten gilt: Wer verliert, muss ganz oder anteilig die angefallenen Kosten tragen, z. B. für Rechtsanwälte.

3 Sozialversicherungsrecht

3.1 Grundlagen der Sozialversicherung

Das System der deutschen Sozialversicherung basiert auf dem Sozialstaatsprinzip, das neben anderen Grundprinzipien wie dem Demokratieprinzip in Art. 20 GG verankert ist.

So besteht in Deutschland eine Sozialversicherungspflicht für alle Arbeitnehmer. Der Sinn dieser Pflicht ist ein doppelter:

Zum einen geht es um den Schutz des Einzelnen, da die Sozialversicherungssparten immer dann eingreifen, wenn er seinen Lebensunterhalt nicht mehr selbst bestreiten kann. Denn die Lebensgrundlage eines Arbeitnehmers ist nun einmal seine Arbeitskraft. Zum anderen bewirkt die Sozialversicherung einen Schutz der Allgemeinheit, die sonst über das Bezahlen von Steuern all diejenigen mitversorgen müsste, die so als Versicherte Leistungen der Sozialversicherung erhalten.

Versicherungszweige

Die Sozialversicherung besteht aus fünf Sparten, von denen es solche wie die Unfallversicherung schon seit über 100 Jahren gibt, andere wie etwa die Pflegeversicherung nur wenige Jahre:

- Krankenversicherung (SGB V)
- Pflegeversicherung (SGB XI)
- Rentenversicherung (SGB VI)
- Arbeitslosenversicherung (SGB II, III)
- Unfallversicherung (SGB VII)

Versicherungsträger

Alle fünf Sparten haben Ihre eigenen Versicherungsträger.

Die **Krankenversicherung** erfolgt durch die gesetzlichen Krankenkassen, als da sind: Allgemeine Ortskrankenkassen (AOKs), Betriebskrankenkassen (BKKs), Innungskrankenkassen (IKKs), Bundesknappschaft (Bergbau), Landwirtschaftliche Krankenkasse, See-Krankenkasse, Ersatzkasse (§ 4 SGB V).

Die **Pflegeversicherung** läuft über die Pflegekassen, die bei den gesetzlichen Krankenkassen (s. o.) eingerichtet sind.

Die **Rentenversicherung** wird durch die Deutsche Rentenversicherung Bund und die Knappschaft Bahn See übernommen.

Die **Arbeitslosenversicherung** erfolgt über die Bundesagentur für Arbeit (BA) in Nürnberg.

Die **Unfallversicherung** schließlich wird durch die gewerblichen und landwirtschaftlichen Berufsgenossenschaften sowie Unfallkassen betreut, § 114 SGB VII.

Finanzierung

Ein wichtiger Punkt ist die Finanzierung der Sozialversicherung, die für die einzelnen Sparten wie folgt geregelt ist (Stand März 2021):

- Krankenversicherung (SGB V)
  Arbeitgeber und Arbeitnehmer je 7,3 %, insgesamt 14,6 % des Bruttoarbeitsentgeltes
- Pflegeversicherung (SGB XI)
  Arbeitgeber und Arbeitnehmer je 1,525 %, insgesamt 3,05 % des Bruttoarbeitsentgeltes
- Rentenversicherung (SGB VI)
  Arbeitgeber und Arbeitnehmer je 9,3 %, gesamt 18,6 % des Bruttoarbeitsentgeltes
- Arbeitslosenversicherung (SGB II, III)
  Arbeitgeber und Arbeitnehmer je 1,2 %, insgesamt 2,4 % des Bruttoarbeitsentgeltes,
- Unfallversicherung (SGB VII)
  Die Beiträge zahlt der Arbeitgeber alleine. Die Höhe richtet sich u. a. nach der Höhe der Arbeitsentgelte der Arbeitnehmer, deren Zahl und der Gefahrklasse, zu welcher der Betrieb gehört.

Selbstverständlich müssen diese Zahlen in der Prüfung nicht bekannt sein. Es reicht, zu wissen, dass alle Beiträge hälftig von Arbeitgeber und Arbeitnehmer gezahlt werden müssen, außer der Unfallversicherung, die der Arbeitgeber alleine trägt.

3.1 Grundlagen der Sozialversicherung

Aufgaben der Selbstverwaltung und ihrer Organe

Die Sozialversicherungen sind keine staatlichen Einrichtungen. Vielmehr üben Arbeitgeber und Arbeitnehmer die Selbstverwaltung der gesetzlichen Versicherungsvertreter der einzelnen Sozialversicherungssparten gemeinsam aus.

So besteht Satzungsautonomie, das heißt, nicht der Staat als Gesetzgeber, sondern die Sozialversicherungen selbst erstellen ihre Regelungen, beispielsweise Unfallverhütungsvorschriften.

Weiterhin haben die Sozialversicherungszweige eine sogenannte Finanzhoheit, können demnach über Beiträge und deren Verwendung selbst entscheiden.

Auch die Personalhoheit ist gegeben, so dass die Sozialversicherungen die Organe der Selbstverwaltung (Vertreterversammlung (bei Krankenkassen: Verwaltungsrat) / Vorstand inkl. Geschäftsführer) selbst stellen.

Wahl der Vertreterversammlung / des Vorstandes

Während die Vertreter der Versicherten durch Versicherte und Rentner gewählt werden, wählen die Arbeitgeber ihre Vertreter über Vorschlagslisten. Wahlberechtigt sind alle Versicherten, die am 02. Januar des Wahljahres 16 Jahre alt sind, ferner Rentner und Arbeitgeber. Der Vorstand wiederum wird durch die Vertreterversammlung gewählt.

Aufgaben der Organe

Die Vertreterversammlung hat unter anderem die Aufgabe, die Satzung zu beschließen und den Haushalt festzustellen. Der Vorstand erstattet u. a. jährlich einen Geschäftsbericht und prüft die Jahresrechnung.

3.2 Krankenversicherung

Die Ziele der Krankenversicherung sind neben der Absicherung der Versicherten gegen Risiken von Krankheiten durch deren Verhütung, Früherkennung und Behandlung auch die Absicherung von Schwangerschaften und Rehabilitationsmaßnahmen.

Dabei wird nach dem Solidaritätsprinzip gehandelt, also die Beiträge richten sich beispielsweise nicht nach dem Alter oder etwaigen Vorerkrankungen. Zudem sind Krankenkassen gesetzlich verpflichtet, Arbeitnehmer aufzunehmen.

Nach § 4 SGB V gibt es folgende Versicherungsträger:

- Allgemeine Ortskrankenkassen
- Betriebskrankenkassen
- Innungskrankenkassen
- Sozialversicherung für Landwirtschaft, Forsten und Gartenbau als Träger der Krankenversicherung der Landwirte
- Deutsche Rentenversicherung Knappschaft-Bahn-See als Träger der Krankenversicherung (Deutsche Rentenversicherung Knappschaft-Bahn-See)
- Ersatzkassen

Die Aufgaben der Krankenversicherung sind das Erbringen von Sach- und/oder Dienstleistungen im Versicherungsfall. Ein Versicherungsfall liegt bei Krankheit, Schwangerschaft oder Rehabilitation vor.

Eine Krankheit wird wie folgt definiert: Ein regelwidriger Körper- oder Geisteszustand, der entweder Behandlungsbedürftigkeit oder Arbeitsunfähigkeit oder beides zur Folge hat.

Die Versicherten haben grundsätzlich ein Wahlrecht, Mitglied welcher Krankenkasse sie werden bzw. sein wollen. Nach der Wahl besteht eine Bindung von grundsätzlich 18 Monaten, es sei denn, es kommt zu einer Beitragserhöhung, dann kann auch vorher gewechselt werden.

In der gesetzlichen Krankenversicherung besteht Versicherungspflicht für Arbeiter und Angestellte bis zur Bemessungsgrenze, für Auszubildende und unter bestimmten Voraussetzungen auch für Rentner.

3.2 Krankenversicherung

Es gibt verschiedene Arten der Mitgliedschaft in einer gesetzlichen Krankenkasse:

- Pflichtversicherte, § 5 I SGB V (Ausnahmen: §§ 6, 8 SGB V)
- Freiwillig Versicherte, § 9 SGB V
- Familienversicherte, § 10 SGB V

Im Niedriglohnsektor gelten folgende Regelungen:

Geringfügig Beschäftigte

Für geringfügige Beschäftigung gilt seit 01.01.2013 die Grenze von 450 Euro

Hier ist durch den Arbeitgeber eine Pauschalabgabe von 31,51 % zu leisten.

Kurzfristige Beschäftigung

Eine kurzfristige Beschäftigung darf maximal zwei Monate oder 50 Tage dauern. Die Pauschalabgabe durch den Arbeitgeber liegt hier ebenfalls bei 25 %.

Erweiterter Niedriglohnsektor (Gleitzone):

Von 450,01 bis 850,00 Euro spricht man vom erweiterten Niedriglohnsektor. Der Arbeitnehmer hat hier Abgaben von 4 bis 21 %, der Arbeitgeber von 21 %.

Die Leistungsarten der gesetzlichen Krankenkassen sind in § 11 SGB V festgelegt. Dazu gehören u. a. Leistungen zur Verhütung, Früherkennung und Behandlung von Krankheiten.

Ein Anspruch auf Krankengeld ist in § 44 SGB V festgelegt. Es beträgt nach § 47 SGB V 70 % des erzielten regelmäßigen Arbeitsentgelts, darf dabei aber 90 % des Nettoentgelts nicht übersteigen, um keinen gesteigerten Anreiz zum „Kranksein" zu bieten. Ein Anspruch besteht erst dann, wenn die Entgeltfortzahlungspflicht des Arbeitgebers erlischt, also grundsätzlich erst nach der sechsten Woche. Wegen derselben Krankheit wird Krankengeld maximal für 78 Wochen innerhalb von drei Jahren bezahlt, § 48 SGB V.

Bei Arbeitsunfällen und Berufskrankheiten besteht dagegen kein Anspruch, § 11 (5) SGB V. In diesen Fällen tritt die gesetzliche Unfallversicherung ein (vgl. unten 3.7).

3.3 Pflegeversicherung

Zum 1. Januar 2017 trat die zweite Stufe der Pflegereform in Kraft, in der die Pflegebedürftigkeit neu geregelt wurde.

Ziel der Pflegeversicherung ist einerseits der Schutz vor den finanziellen Folgen einer Pflegebedürftigkeit, andererseits sollen die Leistungen der Pflegeversicherung den Pflegebedürftigen helfen, trotz ihres Hilfsbedarfs ein möglichst selbstständiges und selbst bestimmtes Leben zu führen, § 2 SGB XI.

Versicherungsträger sind die Krankenkassen (vgl. § 4 SGB V).

Die Aufgabe der Pflegeversicherung ist es hauptsächlich, denjenigen Pflegebedürftigen Hilfe zu leisten, die wegen der Schwere ihrer Pflegebedürftigkeit auf solidarische Hilfe angewiesen sind.

Wann eine Pflegebedürftigkeit vorliegt, ergibt sich aus § 14 SGB XI.

In § 15 SGB XI ist festgelegt, wie anhand von Punktebereichen (1-5) die Pflegebedürftigkeit ermittelt werden kann.

Die Leistungen der Pflegeversicherung sind in den §§ 36 ff. SGB XI festgelegt. Dabei wird zwischen Sachleistungen und Pflegegeld unterschieden. Je nach Pflegegrad (2-5) besteht ein abgestufter Anspruch auf häusliche Pflegehilfe.

Der versicherte Personenkreis in der Pflegeversicherung besteht aus den versicherungspflichtigen Mitgliedern der gesetzlichen Krankenversicherung sowie den freiwillig Versicherten, es sei denn, sie weisen eine private Versicherung nach.

Leistungsberechtige Personen sind die, welche innerhalb der letzten zehn Jahre mindestens fünf Jahre versichert waren und bei denen Pflegebedürftigkeit eintritt.

3.4 Rentenversicherung

Das Ziel der Rentenversicherung ist hauptsächlich die Alterssicherung der Versicherten, aber auch ein Schutz bei Minderung der Erwerbsfähigkeit und ein Schutz der Hinterbliebenen bei Tod des Versicherten.

Die Finanzierung läuft über das sogenannte Umlageverfahren nach dem „Generationenvertrag". Danach haben die Einnahmen eines Jahres (von den Beitragszahlern) die Ausgaben eines Jahres (an die Rentenbezieher) zu decken.

Zu den Aufgaben der Rentenversicherung gehören die Gewährung von Renten an Versicherte und Hinterbliebene, Leistungen zu Teilhabe (Rehabilitation) und Zuschüsse zur Kranken- und Pflegeversicherung.

Träger der Rentenversicherung sind die Deutsche Rentenversicherung Bund und die Deutsche Rentenversicherung Knappschaft-Bahn-See.

Wer zu den versicherten Personen gehört, ist in den §§ 1 ff. SGB VI geregelt. Es sind unselbstständig Beschäftige, bestimmte Selbstständige, § 2 SGB VI, und freiwillig Versicherte, § 7 SGB VI.

Die wichtigste Art von Rente ist die Regelaltersrente. Sie wird nach den §§ 35 ff. SGB VI derzeit unter folgenden Voraussetzungen gewährt:

Der Antragsteller muss 67 Jahre alt sein, mindestens fünf Jahre versichert gewesen sein (Wartezeiten, § 50 SGB VI) und mindestens 60 Monate Beiträge bezahlt haben.

Weitere Rentenarten sind nach § 33 SGB VI u. a.:

- Erziehungsrente
- Rente wegen Berufsunfähigkeit
- Witwen-, Waisenrente

Die Rentenhöhe und Rentenanpassungen hängen von folgenden Faktoren ab:

- Versicherungsjahre
- Entgeltpunkte (Zugangsfaktor)
- Aktueller Rentenwert (AR)
- Nachhaltigkeitsfaktor
- Rentenartfaktor (RAF), § 67 SGB VI

3.5 Arbeitslosenversicherung

Die Ziele der Arbeitslosenversicherung sind neben der finanziellen Absicherung eines Arbeitslosen, bis er wieder Arbeit gefunden hat, auch der Abbau von Arbeitslosigkeit und die Förderung der Eigeninitiative durch Dienstleistungs- und Förderangebote.

Die Aufgaben ergeben sich aus § 1 SGB III:

Neben dem Erreichen eines hohen Beschäftigungsstandes und der Verbesserung der Beschäftigungsstruktur geht es um die Absicherung der Versicherten im Falle des Verlustes des Arbeitsplatzes, das Vermeiden von Arbeitslosigkeit an sich und die Verkürzung der Dauer von Arbeitslosigkeit.

Zum Kreis der versicherten Personen gehört, wer gegen Arbeitsentgelt oder in der Berufsausbildung beschäftigt ist. Versicherungsfrei dagegen sind u. a. Beamte, geringfügig Beschäftigte, Studenten sowie Personen, die älter als 65 Jahre sind.

Zu den Leistungen der Arbeitslosenversicherung gehören (u. a.):

- Arbeitslosengeld I / II (s. u.)
- Kosten für Trainingsmaßnahmen
- Berufsausbildung / Weiterbildung
- Insolvenzgeld
- Zuschüsse an Arbeitgeber, § 3 (2) SGB III, z. B. Kurzarbeitergeld
- Förderung von Existenzgründern

Einen Anspruch auf Arbeitslosengeld haben Personen, die jünger als 67 Jahre alt, arbeitslos und bei der Agentur für Arbeit gemeldet sind; die Anwartschaftszeit muss erfüllt sein. Dafür muss innerhalb von zwei Jahren mindestens für zwölf Monate ein versicherungspflichtiges Arbeitsverhältnis bestanden haben, §§ 136, 137 SGB III.

Die Höhe der Ansprüche ergibt sich aus § 149 SGB III, nämlich 60 % des Nettoentgelts, bei mindestens einem Kind 67 %.

Die Dauer ist in § 147 SGB III geregelt. Eine Sperrzeit von zwölf Wochen, also keine Zahlung von Arbeitslosengeld in dieser Frist, wird verhängt, wenn sich der Versicherte „versicherungswidrig" verhält. Nach § 159 SGB III ist dies in folgenden Fällen gegeben:

- Eigenkündigung
- Arbeitsvertragswidrigem Verhalten, z. B. Verhalten, das zu außerordentlicher Kündigung führt

3.5 Arbeitslosenversicherung

- Ablehnung einer angebotenen Beschäftigung
- Nichtteilnahme an einer zugewiesenen Trainingsmaßnahme

Die Dauer des Anspruchs nach § 147 SGB III ist abhängig vom Alter des Betroffenen und der Dauer des Versicherungsverhältnisses.

Nach Ablauf dieses Anspruchs (Arbeitslosengeld I) folgt das sogenannte Arbeitslosengeld II, das unabhängig vom vorherigen Verdienst ist und auf dem gleichen Niveau wie Sozialhilfe liegt.

3.6 Ziele und Aufgaben der Arbeitsförderung, § 1 SGB III

Die Ziele der Arbeitsförderung sind, offene Stellen zügiger zu vermitteln und individuelle Kenntnisse und Fähigkeiten der Arbeitslosen zu fördern.

Zu diesem Zweck werden von den Arbeitsagenturen u. a. folgende Maßnahmen eingesetzt:

Trainingsmaßnahmen
Durch Trainingsmaßnahmen wie Bewerbertrainings oder Sprachkurse sollen die Chancen Arbeitsloser am Arbeitsmarkt erhöht werden.

Kurzarbeitergeld
Durch die Zahlung von Kurzarbeitergeld soll vermieden werden, dass Firmen in Krisenzeiten Fachkräfte entlassen, die ihnen dann im Aufschwung fehlen.

Berufsberatung
In der Berufsberatung werden dem Arbeitslosen Vorschläge gemacht, wie er seine Chancen am Arbeitsmarkt beispielsweise durch Zusatzqualifikationen verbessern kann. Darunter fallen auch die sogenannten Trainingsmaßnahmen, in denen Arbeitslose teilweise über Monate „lernen", wie man sich beispielsweise bewirbt.

3.7 Unfallversicherung

Die fünfte und letzte Sparte der Sozialversicherung ist die Unfallversicherung. Sie wurde 1884 durch das Unfallversicherungsgesetz von Bismarck eingeführt und ist seit 1997 im SGB VII geregelt.

Die Versicherungsträger sind gemäß § 114 SGB VII:

- die Berufsgenossenschaften (gewerblich/landwirtschaftlich)
- die Unfallversicherung Bund und Bahn,
- die Unfallkassen der Länder,
- die Gemeindeunfallversicherungsverbände und Unfallkassen der Gemeinden,
- die Feuerwehr-Unfallkassen,
- die gemeinsamen Unfallkassen für den Landes- und den kommunalen Bereich

Ziele

Ziel der Unfallversicherung ist die Verhütung von Arbeitsunfällen und Berufskrankheiten. Bei Eintritt von Arbeitsunfällen und/oder Berufskrankheiten hat der Betroffene Anspruch auf Geldleistungen und auf Maßnahmen, welche (nach Möglichkeit) die Gesundheit und Leistungsfähigkeit wiederherstellen.

Aufgaben

Zu den Aufgaben der Unfallversicherung gehören u. a. die Verhütung von Arbeitsunfällen, beispielsweise durch das Tragen von persönlicher Schutzausrüstung, der Erlass von Unfallverhütungsvorschriften (DGUV-Vorschriften) und die Überwachung der Betriebe, in denen versicherte Arbeitnehmer beschäftigt sind, durch technische Aufsichtspersonen (früher: technische Aufsichtsbeamte).

Verstöße gegen Unfallverhütungsvorschriften werden mit bis zu 10.000 Euro Bußgeld geahndet, § 209 SGB VII.

Versicherter Personenkreis

Gesetzlich versicherte Personen nach § 2 SGB VII sind Arbeitnehmer (während der versicherten Tätigkeit), Lernende während der Aus- und Weiterbildung, Kinder, Schüler, Studenten und ehrenamtlich Tätige im Gesundheitswesen.

Freiwillig versichern können sich der Unternehmer selbst und dessen mitarbeitender Ehegatte.

Versicherungsfrei sind auch hier Beamte.

Arbeitsunfälle im Rahmen der gesetzlichen Unfallversicherung

Zu Arbeitsunfällen im Rahmen der gesetzlichen Unfallversicherung gehören Arbeitsunfälle während der Tätigkeit, aber auch Wegeunfälle, § 8 SGB VII.

Versichert sind unter anderem auch Umwege für Fahrgemeinschaften oder um Kinder in einen Kindergarten oder in die Schule zu bringen.

Sonstige Umwege sind nicht versichert.

Arbeitnehmer Hungrig hält auf dem Weg zur Arbeit an einer Tankstelle, um sich sich zwei belegte Brötchen zu kaufen, und klemmt sich dabei die Hand in der Eingangstür ein.

Ergebnis:
Er befand sich nicht auf dem versicherten Weg, es liegt kein versicherter Arbeitunfall vor.

Der Arbeitsweg kann jedoch bis zu zwei Stunden unterbrochen werden.

Arbeitnehmer Satt fährt mit seinem Auto nach Arbeitsende auf dem Weg nach Hause bei einem Supermarkt vorbei, um für das Wochenende Einkäufe zu erledigen. Nach einer Stunde ist er fertig und fährt auf dem „richtigen" Arbeitsweg weiter Richtung Zuhause. Trotz angepasster Fahrweise kommt er wegen Glätte von der Fahrbahn ab und wird bei dem Unfall verletzt.

Ergebnis:
Es liegt ein Wegeunfall vor, weil der Unfall auf dem richtigen Arbeitsweg passiert ist.

Die Berufskrankheit ist in § 9 SGB VII geregelt. Es muss infolge der Tätigkeit ein erhöhtes Gesundheitsrisiko vorliegen – und zwar „in erheblich höherem Grade" als bei der übrigen Bevölkerung.

> Mehlstauballergie bei einem Bäckergesellen

Leistungen

Die Leistungen sind in § 26 SGB VII festgelegt. U. a. gehören dazu:

- Verletztenrente, §§ 45 ff. SGB VII
- Sterbegeld als Leistungen an Hinterbliebene
- Heilbehandlung zur Rehabilitation
- Berufsfördernde Leistungen zur Rehabilitation (Umschulung)
- Leistungen zur sozialen Rehabilitation (Wohnungshilfe)

Ein Anspruch besteht erst dann, wenn die Entgeltfortzahlungspflicht des Arbeitgebers erlischt, also grundsätzlich erst nach der sechsten Woche, und wenn eben ein Arbeits- oder Wegeunfall oder eine Berufskrankheit vorliegt.

In sonstigen Fällen übernimmt die gesetzliche Krankenkasse die weitere Entgeltfortzahlung, vgl. oben Kapitel 3.2.

Die Höhe des Verletztengeldes beträgt regelmäßig 80 % des Nettoarbeitsentgeltes, § 47 SGB VII.

4 Arbeitsschutz- und arbeitssicherheitsrechtliche Vorschriften und Bestimmungen

4.1 Ziele und Aufgaben des Arbeitsschutzrechtes und des Arbeitssicherheitsrechtes

Das Ziel des Arbeitsschutz- und des Arbeitssicherheitsrechts ist es, den Arbeitnehmer vor Gesundheitsgefahren bei der und durch die Arbeit zu schützen.

In Deutschland wird dies durch das „Duale System" (nicht zu verwechseln mit dem dualen System in der Ausbildung) erreicht.

Zum einen gibt es den staatlichen Arbeitsschutz durch die für die Gewerbeaufsicht zuständigen Behörden, aber auch durch rechtliche Vorgaben des Gesetzgebers wie beispielsweise das Arbeitsschutzgesetz, Arbeitszeitgesetz oder die Arbeitsstättenverordnung. Dieser staatliche Arbeitsschutz wird durch staatliche Behörden wie Ordnungs- und Landratsämter kontrolliert.

Zum anderen gibt es den Arbeitsschutz seitens der Unfallversicherungsträger wie der Berufsgenossenschaften (Details: siehe Kapitel 3.7).

Durch die Unabhängigkeit dieser zwei Seiten besteht die Gefahr, dass mit unterschiedlichen Maßen und Vorstellungen an das Thema herangegangen wird.

Die Gewerbeaufsicht bemängelt, dass eine Gefährdungsanalyse zu ungenau ist, welche der zuständigen Berufsgenossenschaft bei einer Betriebsbesichtigung völlig ausgereicht hat.

Deshalb wurde die „Gemeinsame deutsche Arbeitsschutzstrategie" (GDA) gegründet. Die GDA ist ein bundesweiter Zusammenschluss von Bund, Ländern und Berufsgenossenschaften mit dem Ziel, Sicherheit und Gesundheit der Arbeitnehmer bei der Arbeit durch einen abgestimmten und systematischen Arbeitsschutz, ergänzt durch Maßnahmen der betrieblichen Gesundheitsförderung, zu erhalten, zu verbessern und zu fördern. Zweck ist es, trotz Dualismus „mit einer Stimme zu reden", sprich eine einheitliche Arbeitsschutzstrategie zu verfolgen.

Im Arbeitszeitgesetz (ArbZG) ist die Länge der Arbeitszeit der Arbeitnehmer festgelegt. So darf die werktägliche Arbeitszeit acht Stunden nicht überschreiten, kann aber bis

4.1 Ziele und Aufgaben des Arbeitsschutzes und des Arbeitssicherheitsrechtes

zu zehn Stunden verlängert werden, wenn innerhalb von sechs Kalendermonaten oder innerhalb von 24 Wochen durchschnittlich acht Stunden werktäglich nicht überschritten werden, § 3 ArbZG.

Jugendliche dürfen grundsätzlich nicht mehr als acht Stunden täglich und maximal 40 Stunden wöchentlich beschäftigt werden, § 8 (1) JArbSchG.
Während einer Woche dürfen sie jedoch an einzelnen Tagen 8,5 Stunden arbeiten, wenn an den übrigen Tagen die Arbeitszeit auf weniger als acht Stunden verkürzt ist, § 8 (3) JArbSchG.

Schwangere dürfen keine Mehrarbeit leisten, ihre Arbeitszeit beträgt maximal 8,5 Stunden pro Tag (unter 18 Jahren nur acht Stunden) oder 90 Stunden pro Doppelwoche, § 4 (1) MuSchG.

Bestimmungen des Sozialgesetzbuches und des Arbeitsschutzgesetzes

Zum SGB VII s. 3.7.

Arbeitsschutzgesetz

Nach § 1 ArbSchG ist das Ziel des Arbeitsschutzgesetzes, die Arbeitssicherheit der Beschäftigten bei der Arbeit durch Maßnahmen des Arbeitsschutzes zu sichern. Dies soll durch Verhütung von Arbeitsunfällen und arbeitsbedingten Gefahren und die menschengerechte Gestaltung von Arbeitsplätzen erreicht werden.

Verantwortlich für den Arbeitsschutz sind neben dem Arbeitgeber (§§ 3-14 ArbSchG) auch die Arbeitnehmer selbst (§§ 15, 16 ArbSchG), Details siehe unten in Kapitel 4.2.

Das Arbeitsschutzgesetz basiert auf EU-Rahmen- und Einzelrichtlinien (z. B. Benutzung persönlicher Schutzausrüstung).

Arbeitssicherheitsgesetz

Im Arbeitssicherheitsgesetz (ASiG) finden sich Regelungen über Betriebsärzte (§§ 2-4 ASiG) und Fachkräfte für Arbeitssicherheit (§§ 5-7 ASiG). Beide sind in ihrer Tätigkeit weisungsfrei, § 8 ASiG.

Das Thema Arbeitsschutzausschuss ist in § 11 ASiG geregelt. Details dazu finden sich unten in Kapitel 4.4.

Weitere Gesetze für den Arbeitsschutz und die Arbeitssicherheit sind:

- Arbeitszeitgesetz (ArbZG)
- Bundesimmisionsschutzgesetz (BImSchG)
- Arbeitsstättenverordnung (ArbStättV)
- Mutterschutzgesetz (MuSchG)
- Gefahrstoffverordnung (GefStoffV)
- Jugendarbeitsschutzgesetz (JArbSchG)

Überwachung des Arbeitsschutzes und der Arbeitssicherheit

Die Überwachung des Arbeitsschutzes und der Arbeitssicherheit erfolgt, wie oben ausgeführt, durch zwei unterschiedliche Stellen:

Zum einen kann die jeweils zuständige staatliche Stelle, je nach Bundesland beispielsweise das Gewerbeaufsichtsamt, Betriebskontrollen durchführen.
Die Kontrollen erfolgen durch Besichtigungen und Beratung durch Beamte der Gewerbeaufsicht.

Werden Verstöße im Bereich Arbeitsschutz festgestellt, beispielsweise eine zu geringe Anzahl von Erst- oder Brandschutzhelfern, so kann die zuständige Behörde Auflagen zur Behebung der Missstände festlegen. Kommt ein Unternehmen den Auflagen nicht nach, können als weitere Maßnahmen Bußgelder verhängt oder sogar Strafverfahren eingeleitet werden.

Zum anderen erfolgt die Überwachung durch die zuständigen Unfallversicherungsträger (z. B. Berufsgenossenschaften). Hier erfolgen Kontrollen durch technische Aufsichtspersonen (TAPs), früher technische Aufsichtsbeamte (TABs). Auch hier können, wenn ein Unternehmen den festgelegten Auflagen nicht nachkommt, Bußgelder verhängt werden.

Innerbetrieblich ist der Sicherheitsbeauftragte (SiB) für die Überwachung zuständig, allerdings erst in Betrieben mit mehr als 20 Arbeitnehmern, § 22 SGB VII, siehe auch unten Kapitel 4.7.

4.2 Verantwortung für den Arbeitsschutz und die Arbeitssicherheit

Die Verantwortung ist auf die Beteiligten aufgeteilt, wobei der Unternehmer den größten Anteil trägt.

Verantwortung der Arbeitgeber, Arbeitnehmer und der Arbeitnehmervertreter

Die Verantwortung des Arbeitgebers bzw. seines Vertreters im Arbeitsschutz ergibt sich u. a. aus den §§ 3-14 ArbSchG, § 62 HGB und § 21 SGB VII.

Der Arbeitgeber hat die erforderlichen Maßnahmen des Arbeitsschutzes zu treffen (§ 3 ArbSchG), tätigkeitsbezogene Gefährdungsbeurteilungen zu erstellen (§ 5 ArbSchG) und das Ganze zu dokumentieren (§ 6 ArbSchG).

In den Gefährdungsbeurteilungen ist zu bewerten, welche Gefährdungen den Arbeitnehmern drohen, wie hoch die Eintrittswahrscheinlichkeit ist und wie schwer die Folgen bei einem Eintritt wären. Seit der letzten Änderung des ArbSchG sind dabei auch psychische Belastungen zu beachten.

Neben dem Thema „Erste Hilfe" (§ 10 ArbSchG) ist insbesondere das Thema „Unterweisung" (§ 12 ArbSchG) wichtig. Danach sind die Beschäftigten während ihrer Arbeitszeit ausreichend, angemessen und arbeitsplatzbezogen über Sicherheit und Gesundheitsschutz bei der Arbeit zu unterweisen.

Auch das sollte unbedingt dokumentiert werden.

Neben dem Arbeitgeber können weitere Personen für die Erfüllung der vorgenannten Punkte verantwortlich sein. Diese ergeben sich aus § 13 ArbSchG.

Auch die Beschäftigten (Arbeitnehmer) tragen nach §§ 15, 16 ArbSchG eine Eigenverantwortung, schließlich geht es ja um ihre eigene Sicherheit. Sie haben haben sich sicherheitsgerecht zu verhalten und Einrichtungen und Schutzausrüstungen bestimmungsgemäß zu verwenden.

Es ist verboten, im Lager mit einem Hubwagen Roller zu fahren.

Durch Arbeitnehmer festgestellte Gefahren oder Mängel in der Sicherheit und dem Gesundheitsschutz sind unverzüglich an den Arbeitgeber oder den zuständigen Vorgesetzten zu melden. Handelt es sich um akute Gefahren oder Mängel, sind diese im Rahmen der Eigensicherheit nach Möglichkeit zu beseitigen oder zumindest abzusichern.

Letztlich steht auch der Betriebsrat nach den §§ 80, 87 I Nr. 7, 88 BetrVG in der Verantwortung, wenn es um das Thema Arbeitsschutz geht, da er insoweit ein Mitbestimmungsrecht hat.

Rechtsfolgen bei Verstößen und Ordnungswidrigkeiten

Wie oben dargestellt, können Verstöße im Arbeitsschutz als Ordnungswidrigkeiten oder Straftaten geahndet werden.

Verstöße gegen staatliche Arbeitsschutzbestimmungen können für Arbeitgeber Bußgelder bis zu 25.000 Euro (Arbeitnehmer: 5.000 Euro) nach sich ziehen, § 25 ArbSchG. Auch Verstöße gegen berufsgenossenschaftliche Vorschriften können als Ordnungswidrigkeiten zu Bußgeldern von bis zu 10.000 Euro führen, § 209 SGB VII.

Bei beharrlicher Zuwiderhandlung oder vorsätzlicher Handlung drohen Freiheitsstrafen bis zu einem Jahr oder Geldstrafen, § 26 ArbSchG.

Verstöße können bei entsprechenden Folgen auch als Straftaten geahndet werden. Hier kommen insbesondere folgende Taten in Betracht:

- Fahrlässige Körperverletzung, § 229 StGB
- Fahrlässige Tötung, § 222 StGB
- Umweltstraftaten, §§ 324 ff. StGB

Der Arbeitgeber Ach & Krach AG lässt die Maschinen in seiner Firma nicht warten, um Geld zu sparen. Arbeitnehmer Arglos fasst aus Versehen mit seiner linken Hand in eine der Maschinen, deren Notausschalter wegen fehlender Wartung defekt ist, und verletzt sich dabei.

Ergebnis:
Der Arbeitgeber (in diesem Fall der Vorstand der Ach & Krach AG) macht sich strafbar wegen fahrlässiger Körperverletzung, § 229 StGB.

Schadensersatz

Grundsätzlich besteht eine Haftung aus Unerlaubter Handlung, § 823 BGB, wenn eine Person einer anderen vorsätzlich oder fahrlässig einen Schaden zufügt. Der Schädiger ist dann zum Schadensersatz verpflichtet.

4.2 Verantwortung für den Arbeitsschutz und die Arbeitssicherheit

> Passant Leichtsinn beschädigt aus Versehen das Auto des Stolz. Leichtsinn muss dem Stolz den entstandenen Schaden ersetzen.

Neben Schadensersatz kann gegebenenfalls zusätzlich Schmerzensgeld verlangt werden.

> Radfahrer Bremslos fährt fahrlässig den Rentner Rüstig mit seinem Rad an. Rüstig fällt hin und bricht sich den Arm.
>
> Ergebnis:
> Rüstig kann nicht nur Schadensersatz für die Heilbehandlung und seine beschädigte Kleidung verlangen, sondern auch Schmerzensgeld wegen des Armbruchs.

In der gesetzlichen Unfallversicherung ist die Haftung dagegen eingeschränkt.

Nach den §§ 104-106 SGB VII kommt es zu einem Haftungsübergang auf die gesetzliche Unfallversicherung. Unternehmer und/oder andere Personen im Betrieb haften daher nicht, es besteht grundsätzlich kein Anspruch auf Schmerzensgeld.

> Unternehmer Feinstaub lässt aus Unachtsamkeit seine Maschinen nicht warten, Arbeitnehmer Arglos verletzt sich deswegen an einer Schleifmaschine.
>
> Ergebnis:
> Arglos hat keinen Anspruch gegen Feinstaub auf Schadensersatz und/oder Schmerzensgeld, sondern nur einen Anspruch gegen die gesetzliche Unfallversicherung auf Schadensersatz.

> Aus Unachtsamkeit vergisst Arbeitnehmer Schrauber, bei einer Reparatur an einen Gabelstapler die Bremsschläuche zu befestigen. Arbeitnehmer Flott fährt deswegen mit dem Gabelstapler ungebremst in ein Regal und wird dabei verletzt.
>
> Ergebnis:
> Wie bei Beispiel 1: Flott hat keinen Anspruch gegen seinen Arbeitskollegen Schrauber oder gegen seinen Arbeitgeber auf Schadensersatz und/oder Schmerzensgeld, sondern nur einen Anspruch gegen die gesetzliche Unfallversicherung auf Schadensersatz.

Ein Anspruch auf Schmerzensgeld besteht ausnahmsweise bei Vorsatz und bei Teilnahme am allgemeinen Verkehr.

Unternehmer Unstet übersieht beim Abbiegen auf der Hauptstraße mit seinem Auto einen Radfahrer, der stürzt und sich den Arm bricht. Danach stellt sich heraus, dass der Radfahrer sein Arbeitnehmer Anton ist.

Ergebnis:
Anton kann von Unstet (bzw. dessen Haftpflichtversicherung) Schadensersatz und Schmerzensgeld verlangen.

Haftung gegenüber den Sozialversicherungsträgern

Wenn ein Unternehmer oder Vorgesetzter schuldhaft durch Vorsatz oder grobe Fahrlässigkeit am Unfall beteiligt war, besteht nach §§ 110 f. SGB VII die Möglichkeit des Regresses, das heißt, die gesetzliche Unfallversicherung kann sich vom Unternehmer ganz oder teilweise den Betrag zurückholen, den sie aufgrund des Unfalls des Versicherten bezahlen musste.

Gegebenenfalls übernimmt diesen Betrag dann die Betriebshaftpflicht des Unternehmers, § 115 VVG, und haftet (außer bei Vorsatz) damit für den Unternehmer oder Vorgesetzten gegenüber der Berufsgenossenschaft.

4.3 Sonderschutzrechte für schutzbedürftige Personen

Für besonders schutzbedürftige Personen gibt es gesetzliche Sonderregelungen, für Jugendliche das Jugendarbeitsschutzgesetz (JArbSchG), für Schwangere das Mutterschutzgesetz (MuSchG) und für Schwerbehinderte das SGB IX.

Einrichtung spezieller Arbeitsplätze für schutzbedürftige Personen

Für jede dieser Personengruppen gibt es besondere Regelungen hinsichtlich der Arbeitsplätze.
Für Jugendliche gilt § 28 JArbschG, Menschengerechte Gestaltung der Arbeit, für werdende oder stillende Mütter gibt es die § 9 ff. MuSchG, Gestaltung des Arbeitsplatzes, und für Schwerbehinderte einschlägig ist § 164 (4) SGB IX, Pflichten des Arbeitgebers und Rechte schwerbehinderter Menschen.

Vorschriften für schutzbedürftige Personen

Konkret gibt es für werdende oder stillende Mütter Beschäftigungsverbote nach den §§ 3-6, 16 MuSchG.

> Werdende Mütter dürfen nicht mit schweren körperlichen Arbeiten beschäftigt werden.

Für Jugendliche legt der § 28 JArbSchG den Arbeitsschutz extra nochmals fest.

Zusätzlich gelten Beschäftigungsverbote für Personen unter 15 Jahren, § 5 (1) JArbSchG, zudem dürfen Personen unter 18 Jahren nicht mit gefährlichen Arbeiten beschäftigt werden, § 22 JArbSchG. Auch die Erstuntersuchung, § 32 JArbSchG, und gegebenenfalls Nachuntersuchungen, §§ 33 ff. JArbSchG, dienen dem Schutz des Jugendlichen.

> Unterstreichen Sie sich im Text der §§ 32 ff. JArbSchG das Wort „Jugendlicher". Wird z. B. ein Auszubildender während der Ausbildung volljährig, gelten diese Regelungen nicht (mehr).

Auch für Schwerbehinderte gelten Sonderregeln. Als schwerbehindert gilt man ab 50 % Grad der Behinderung (GdB), § 2 (2) SGB IX.

Schwerbehinderte dürfen wegen Ihrer Behinderung nicht benachteiligt werden, § 164 (2) SGB IX. Sie haben fünf Tage Zusatzurlaub, § 208 SGB IX, und ihnen kann nur nach Zustimmung des Integrationsamts gekündigt werden, § 168 SGB IX.

Ab einer Anzahl von 20 Arbeitsplätzen ist der Arbeitgeber verpflichtet, fünf Prozent der Stellen mit Schwerbehinderten zu besetzen, § 154 SGB IX, wobei schwerbehinderte Auszubildende doppelt zählen, § 159 (2) SGB IX. Kommt der Arbeitgeber dieser Verpflichtung nicht oder nur teilweise nach, hat er eine Ausgleichsabgabe in Höhe von mindestens 105 Euro je unbesetztem Pflichtarbeitsplatz pro Monat zu leisten, § 160 SGB IX.

Ab fünf schwerbehinderten Arbeitnehmern in einem Betrieb kann eine Schwerbehindertenvertretung gewählt werden, § 177 SGB IX.

4.4 Bestimmungen des Arbeitssicherheitsgesetzes (ASiG)

Grundlagen des Arbeitssicherheitsgesetzes

Der Arbeitgeber hat Betriebsärzte und Fachkräfte für Arbeitssicherheit zu bestellen, die ihn beim Arbeitsschutz und der Unfallverhütung unterstützen, § 1 ASiG. Deren Bestellung muss aus Beweisgründen schriftlich erfolgen, §§ 2 (1), 5 (1) ASiG, wobei eine Betreuung intern durch eigene Arbeitnehmer oder extern durch einen Dienstleister möglich ist.

Bei der Tätigkeit der Fachkraft für Arbeitssicherheit kann bei Kleinbetrieben ein Teil sogar vom Unternehmer nach dem sogenannten „Unternehmermodell" selbst übernommen werden.

Bestellung von Betriebsärzten und Fachkräften für Arbeitssicherheit und ihre Aufgaben

Das Thema „Betriebsarzt" ist in den §§ 2 ff. ASiG geregelt.

Aufgabe des Betriebsarztes ist nach § 3 (1) ASiG die **Unterstützung** des Arbeitgebers beim Arbeitsschutz und der Unfallverhütung in allen Fragen des Gesundheitsschutzes. Dabei muss er über die zur Erfüllung der ihm übertragenen Aufgaben erforderliche arbeitsmedizinische Fachkunde verfügen, § 4 ASiG.

Nicht zu seinen Aufgaben gehört es dagegen, Krankmeldungen von Arbeitnehmern auf Ihre Berechtigung zu überprüfen, § 3 (3) ASiG.

Die Vorschriften zur „Fachkraft für Arbeitssicherheit" finden sich in den §§ 5 ff. ASiG.

Zu den Aufgaben der Fachkräfte für Arbeitssicherheit gehört nach § 6 ASiG die Unterstützung des Arbeitgebers beim Arbeitsschutz und der Unfallverhütung in allen Fragen der Arbeitssicherheit einschließlich der menschengerechten Gestaltung der Arbeit. Dazu sind grundsätzlich nur Sicherheitsingenieure, Sicherheitstechniker oder -meister qualifiziert, im Einzelfall können aber auch Personen bestellt werden, die eine entsprechende Fachkunde nachweisen.

Für beide (Betriebsarzt und Fachkraft für Arbeitssicherheit) gilt, dass sie nur beratend tätig werden (Stabsstellen), also keinerlei Zwangsmittel gegenüber dem Unternehmer haben, Maßnahmen durchzusetzen.

Ein Betriebsarzt stellt fest, dass in einem Betrieb verschiedene arbeitsmedizinische Vorsorgeuntersuchungen durchzuführen sind. Ob sie tatsächlich durchgeführt werden, entscheidet der Unternehmer.

Bei ihrer Tätigkeit sind Betriebsarzt und Fachkraft für Arbeitssicherheit jedoch weisungsfrei und dürfen wegen der ihnen übertragenen Aufgaben nicht benachteiligt werden, § 8 (1) ASiG.

Ab 20 Arbeitnehmern ist ein Arbeitsschutzausschuss, § 11 ASiG, zu bilden. Dieser hat alle drei Monate in folgender Besetzung zu tagen:

- Arbeitgeber (bzw. dessen Beauftragter)
- zwei Betriebsräte (wenn es einen Betriebsrat gibt)
- Fachkraft für Arbeitssicherheit
- Betriebsarzt
- Sicherheitsbeauftragter (SiB), § 22 SGB VII

Der Arbeitsschutzausschuss hat die Aufgabe, Anliegen des Arbeitsschutzes und der Unfallverhütung zu beraten. Die Sitzungen des Arbeitssicherheitsausschusses sind zu protokollieren.

Eine untergeordnete Rolle spielt die Betriebssicherheitsverordnung (BetrSichV), die sich mit dem Bereitstellen von Arbeitsmitteln durch den Unternehmer und der Benutzung der Arbeitsmittel durch die Arbeitnehmer befasst.

Nach § 3 BetrSichV sind diese Aspekte vom Arbeitgeber in dessen Gefährdungsbeurteilung nach § 5 ArbSchG gesondert zu beachten.

4.5 Ziele und wesentliche Inhalte der Arbeitsstättenverordnung (ArbStättV)

Die ArbStättV wurde 2017 erneut überarbeitet.

Das Ziel der ArbStättV ist weiterhin die Verhinderung von Arbeitsunfällen und Berufskrankheiten sowie eine menschengerechte Gestaltung der Arbeit.

Soweit möglich sollen nun alle Arbeitsplätze, Pausen- und Bereitschaftsräume ausreichend Tageslicht erhalten und eine Sichtverbindung nach draußen haben. Davon gibt es aber viele Ausnahmen, insbesondere für bestehende Gebäude. Bereits 2015 wurde geregelt, dass in Gefährdungsbeurteilungen nunmehr auch psychische Belastungen zu berücksichtigen sind, § 3 ArbStättV.

Der Begriff „Arbeitsstätte" ist in § 2 ArbStättV definiert.

Allgemeine Vorschriften und Anforderungen für Arbeitsstätten, Verkehrswege und Einrichtungen in Gebäuden

Wie oben ausgeführt, gibt es in der ArbStättV keine konkreten Vorgaben für Arbeitsstätten, z. B. hinsichtlich Größe, Temperatur, Lautstärke, Brandschutz, ...
Für die Einhaltung der Vorgaben ist nunmehr der Arbeitgeber zuständig; er hat diese in den Gefährdungsanalysen zu dokumentieren.

Nur das Thema Nichtraucherschutz ist in § 5 ArbStättV dahingehend geregelt, dass der Arbeitgeber verpflichtet wird, ein allgemeines oder auf einzelne Bereiche der Arbeitsstätte beschränktes Rauchverbot zu erlassen.

Eine Konkretisierung der ArbStättV erfolgt durch die Arbeitsstättenrichtlinien.

Viele Arbeitsstättenrichtlinien (ASR) wurden noch zu einer älteren Fassung der ArbStättV erlassen und gelten größtenteils nicht mehr. In den vergangenen Jahren wurden sogenannte „Technische Regeln für Arbeitsstätten" (ASR) verabschiedet. Diese sind zwar nicht verbindlich, aber im Rahmen der Fürsorgepflicht des Arbeitgebers umzusetzen.

4.6 Bestimmungen des Gesetzes über technische Arbeitsmittel und Verbraucherprodukte (GPSG) unter Berücksichtigung des EU-Rechts

Das Geräte- und Produktesicherheitsgesetz (GPSG) wurde am 01. Dezember 2011 durch das Produktsicherheitsgesetz (ProdSG) ersetzt und wird daher nicht mehr Prüfungsstoff sein.

Das ProdSG gilt, wenn im Rahmen einer Geschäftstätigkeit Produkte auf dem Markt bereitgestellt, ausgestellt oder erstmals verwendet werden, § 1 (1) ProdSG.

Gegebenenfalls relevant sein könnten die §§ 2 Nr. 7 und 7 ProdSG, die sich mit dem Thema CE-Zeichen befassen. Die CE-Kennzeichnung spielt auch in der 9. Verordnung zum Produktsicherheitsgesetz (9. ProdSV) in deren § 5 eine Rolle.

> Das CE-Zeichen ist entgegen der landläufigen Meinung kein Gütezeichen, sondern besagt nur, dass bestimmte Mindeststandards eingehalten wurden.

Bei der 9. ProdSV handelt es sich um eine Umsetzung von EU-Recht, nämlich der EG-Maschinenrichtlinie 2006/42/EG. Hersteller oder ihre Bevollmächtigten können bei einer GS-Stelle beanragen, dass einem Produkt ein GS-Zeichen (Geprüfte Sicherheit) zuerkannt wird, § 20 ProdSG.

4.7 Grundlagen der Berufsgenossenschaften, des Staatlichen Amtes für Immisions- und Arbeitsschutzes und des Überwachungsvereins

4.7 Grundlagen der Berufsgenossenschaften, des Staatlichen Amtes für Immisions- und Arbeitsschutzes und des Überwachungsvereins

Berufsgenossenschaften

Grundsätzliches zum Thema „Berufsgenossenschaften" siehe oben unter Kapitel 3.1 ff. Berufsgenossenschaften sind gesetzliche Unfallversicherungen und damit Körperschaften des öffentlichen Rechts.

Die ursprünglich 25 Berufsgenossenschaften haben sich in den letzten Jahren auf derzeit neun zusammengeschlossen, vgl. Anlage 1 zu § 114 SGB VII. Deren Aufgabe ist die Erstellung und Überwachung der Einhaltung von Unfallverhütungsvorschriften.

Gewerbeaufsicht

Die Aufgabe der Gewerbeaufsicht ist Sicherheit und Gesundheitsschutz am Arbeitsplatz aus staatlicher Sicht. Ihre Befugnisse ergeben sich aus § 22 ArbSchG und § 139b GewO. Demnach hat die Gewerbeaufsicht ein Auskunftsrecht über Aspekte des Arbeitsschutzes sowie ein Sonderzugangsrecht, das heißt sie kann auch gegen den Willen des Unternehmers dessen Geschäftsräume betreten, wenn sie die gewünschten Auskünfte nicht erhält. Sie kann zudem Maßnahmen anordnen sowie Bußgelder androhen – und bei Nichteinhaltung auch erheben.

Unternehmer Sorglos hat keine Gefährdungsbeurteilungen hinsichtlich der Arbeitsbedingungen seiner Mitarbeiter erstellt. Die Gewerbeaufsicht kann nun anordnen, dass er dies innerhalb einer bestimmten Frist nachholt, und für den Fall der Nichtbeachtung Bußgelder festsetzen.

Die Gewerbeaufsicht ist Ländersache und damit von Bundesland zu Bundesland unterschiedlich geregelt.

Prüfungs- und Überwachungsaufgaben von Sachverständigen des TÜV, der DEKRA u. a. und deren rechtliche Stellung

Mitarbeiter von TÜV, DEKRA etc. führen Prüfungen überwachungsbedürftiger Anlagen als amtliche oder amtlich anerkannte Sachverständige durch.

Aufzüge, Rolltreppen, Druckbehälter etc.

Deren Aufgabe ist es, Überprüfungen durchzuführen und auf Mängel hinzuweisen (Mängelbericht). Sie haben jedoch keine Befugnis, Anordnungen zu treffen oder Arbeitsmittel stillzulegen, das darf nur die Gewerbeaufsicht.

Überwachungsvereine wie TÜV oder DEKRA sind privatrechtliche Organisationen, die beliehen sind, das heißt, sie bekommen das Recht übertragen, beispielsweise Kraftfahrzeuge, Aufzüge, Rolltreppen o. ä. zu überprüfen. Sie finanzieren sich durch Prüfgebühren und Lehrgänge.

Aufgaben der Sicherheitsbeauftragten / Sicherheitsfachkraft und ihre Verantwortung

Neben der Bestellung von Betriebsarzt und Fachkraft für Arbeitssicherheit hat der Arbeitgeber aus den Reihen der Arbeitnehmer auch eine ausreichende Anzahl von Sicherheitsbeauftragten zu benennen und ausbilden zu lassen.

Der Sicherheitsbeauftragte (SiB) hat die Aufgabe, den Unternehmer bei der Durchführung der Maßnahmen zur Verhütung von Arbeitsunfällen und Berufskrankheiten zu unterstützen, § 22 (2) SGB VII. Er ist dabei aber nicht weisungsbefugt gegenüber dem Arbeitgeber, sondern nur beratend tätig.

Wie bereits in Kapitel 4.4 erläutert, ist auch die Fachkraft für Arbeitssicherheit nicht weisungsbefugt gegenüber dem Arbeitgeber (Unternehmer) (bzw. extern gegenüber dem Auftraggeber) oder umgekehrt, es handelt sich um eine Stabsstelle. Im Gegensatz zum SiB ist sie jedoch eigenverantwortlich tätig, das heißt, dass sie für Fehler, die sie bei ihrer Tätigkeit macht, gegebenenfalls zivil- und strafrechtlich belangt werden kann.

Die Fachkraft für Arbeitssicherheit Fasi übersieht bei einer Begehung in einem Unternehmen, dass im dortigen Hochlager keine Absturzsicherungen vorhanden sind. Tage später stolpert ein Mitarbeiter im Hochlager, stürzt drei Meter ab und verletzt sich schwer am Fuß.

Ergebnis:
Die Fachkraft für Arbeitssicherheit Fasi kann gegebenenfalls wegen fahrlässiger Körperverletzung belangt werden, da sie ihrer Pflicht,

4.7 Grundlagen der Berufsgenossenschaften, des Staatlichen Amtes für Immisions- und Arbeitsschutzes und des Überwachungsvereins

Gefahrenstellen zu erkennen und den Unternehmer darauf hinzuweisen, nicht nachgekommen ist.

> Der im Rahmenplan genannte Begriff „Sicherheitsfachkraft" existiert in diesem Zusammenhang nicht (mehr). Es gibt nur eine Fachkraft für Arbeitssicherheit, wie in den §§ 5-7 ASiG festgelegt.

5 Vorschriften des Umweltschutzes, insbesondere Gewässer- und Bodenschutz, Abfallbeseitigung, Luftreinhaltung und Lärmbekämpfung, Strahlenschutz und Schutz vor gefährlichen Stoffen

5.1 Ziel und Aufgabe des Umweltschutzes

Unter Umweltschutz versteht man die Gesamtheit aller Maßnahmen und Bestrebungen, um die natürlichen Lebensgrundlagen von Pflanzen, Tieren und Menschen zu erhalten.

Umweltschutzrecht

Das Ziel rechtlicher Regelungen ist der Schutz von Menschen, Tieren und Pflanzen vor umweltschädlichen Einflüssen, die Schonung natürlicher Ressourcen sowie die Wiederverwertung (neudeutsch: Recycling).

Beim Umweltschutzrecht handelt es sich teilweise um Regelungen der EU oder des Völkerrechts. Diese gelten aber grundsätzlich nicht direkt, sondern müssen meist erst in nationales Recht übertragen werden, siehe auch Kapitel 1.1.

Strafrechtliche Folgen bei Verstößen gegen Umweltschutzvorschriften

Strafrechtlich sind Verstöße gegen die Umwelt in den §§ 324-330a StGB geregelt. Dabei handelt es sich um Offizialdelikte, die mit Geld- oder Freiheitsstrafen bis zu fünf Jahren geahndet werden können.

Je nach Tat ist sowohl eine fahrlässige als auch vorsätzliche Begehung möglich.

5.1 Ziel und Aufgabe des Umweltschutzes

Vorsorge-, Verursacher-, Kooperation- und Gemeinlastprinzip beim Umweltschutz

Es gibt im Umweltschutz verschiedene „Umweltschutzprinzipien". Die wichtigsten sind:

- Vorsorgeprinzip
  Durch den präventiven Einsatz entsprechender Maßnahmen soll eine Beeinträchtigung der Natur auf das geringste Maß begrenzt werden.

- Verursacherprinzip
  Die Kosten zur Vermeidung und Beseitigung von Umweltschäden hat der jeweilige Verursacher zu tragen.

- Kooperationsprinzip
  Staat und Bürger sollen zusammenarbeiten, um die Akzeptanz von Maßnahmen des Umweltschutzes zu erhöhen.

- Gemeinlastprinzip
  Die Kosten der Vermeidung und Beseitigung von Umweltschäden hat die Gemeinschaft zu tragen, insbesondere wenn Verursacher von Umweltschäden nicht (mehr) haftbar gemacht werden können.

Ein weiteres Umweltschutzprinzip ist das „Cradle-to-grave"-Prinzip.

Danach müssen umweltgefährdende bzw. -schädigende Stoffe grundsätzlich während ihres gesamten Produktions-, Verwendungs- und Beseitigungsprozesses (vom Hersteller) kontrolliert werden.

5.2 Wichtige Gesetze und Verordnungen zum Umweltschutz

Seit den 1970er Jahren wurden viele Gesetze und Verordnungen zum Thema Umweltschutz erlassen. Prüfungsrelevant sind die nachfolgend genannten. Unter „prüfungsrelevant" ist hier jedoch zu verstehen, dass man „nur" erwartet, dass ein paar genannt werden können. Inhaltliche Kenntnisse wurden, soweit nicht ausdrücklich im Weiteren genannt, bisher nicht abgefragt.

Wesentliche Bestimmungen des Wasserhaushaltsgesetzes (WHG) und der Abwasserverordnung (AbwasserV)

Der Sinn des WHG ist es, Gewässer als Bestandteil des Naturhaushalts und als Lebensraum für Tiere und Pflanzen zu schützen. Daher bedarf die Benutzung von Gewässern einer behördlichen Erlaubnis, § 2 WHG.

Die AbwasserV legt Mindestanforderungen für die Einleitungserlaubnis von Abwässern in Gewässer fest.

Wassergefährdende Stoffe und ihre Gefährdungsklassen

Wassergefährdende Stoffe verunreinigen Gewässer oder verändern ihre Eigenschaften nachteilig. Hierbei werden folgende Wassergefährdungsklassen unterschieden:

- Schwach wassergefährdend
- Wassergefährdend
- Stark wassergefährdend

Abgaben für das Einleiten von Wasser in Gewässer

Nach dem Abwasserabgabengesetz (AbwAG) ist das Einleiten von Wasser in Gewässer abgabenpflichtig, § 2 (2) 1 AbwAG.

Die Begriffe „Schmutzwasser" und „Niederschlagswasser" sind in § 2 (1) AbwAG definiert.

Die Höhe der Abgabe richtet sich nach der Schädlichkeit, § 3 (1) 1 AbwAG.

5.2 Wichtige Gesetze und Verordnungen zum Umweltschutz

Bodenschutz

Das Thema Bodenschutz ergibt sich aus § 324a StGB, der Bodenverunreinigung unter Strafe stellt.

Wesentliche Bestimmungen des Kreislaufwirtschaftsgesetzes

Die Ziele des KrWG sind nach nach § 6 (1) KrWG in folgender Reihenfolge:

- Vermeidung von Abfällen
  Um Abfälle, die erst gar nicht anfallen, muss man sich auch nicht kümmern. So wird beispielsweise seit Längerem darauf geachtet, den Umfang von Verpackungsmaterial zu verringern.

- Vorbereitung zur Wiederverwendung
  Wiederverwertung kommt beispielsweise bei Pfandflaschen vor.

- Recycling (Wiederverwertung)
  Bei der Wiederverwertung werden aus Abfällen Rohstoffe gewonnen und erneut zur Produktion verwendet, beispielsweise Altmetalle.

- Sonstige Verwertung, insbesondere energetische Verwertung und Verfüllung. Können Abfälle nicht wiederverwertet werden, besteht die Möglichkeit, sie beispielsweise zur Energiegewinnung zu verwenden oder Bauschutt zu Lärmschutzwällen aufzuschichten.

- Beseitigung
  Ist eine sonstige Verwendung nicht möglich, bleibt nur die Beseitigung.

Die Produktverantwortung ergibt sich aus § 23 KrWG.

Die Rücknahmeverordnungen sind in § 25 KrWG geregelt:

- Altfahrzeugverordnung
- Altölverordnung
- Batterieverordnung
- Gewerbeabfallverordnung
- Verpackungsverordnung (Transport-, Um- und Verkaufsverpackung), Dosenpfand
- Elektro- und Elektronikgerätegesetz

Wichtige Gesetze und Verordnungen zum Umweltschutz 5.2

Zweck, Geltungsbereich und wesentliche Bestimmungen des Bundesimmissionsschutzgesetzes (BImSchG)

Zweck des BImSchG ist der Schutz vor schädlichen Umwelteinwirkungen, § 1 BImSchG.

Die Definitionen zu verschiedenen Begriffen finden sich in § 3 BImSchG:

- Schädliche Umwelteinwirkungen (Immissionen), § 3 (1) / (2) BImSchG
- Emissionen, § 3 (3) BImSchG
- Luftverunreinigungen, § 3 (4) BImSchG
- Anlagen, § 3 (5) BImSchG
  Anlagen sind grundsätzlich genehmigungsbedürftig, § 4 BImSchG.

Notwendigkeit der Überwachung der Luftverunreinigung

Überwachungsmaßnahmen zur Luftverunreinigung sind in den §§ 44-47 BImschG geregelt.

Die dazu erlassene Ausführungsvorschrift (nur behördenintern) ist die Technische Anleitung zur Reinhaltung der Luft („TA Luft").

Auswirkungen von Arbeits- und Verkehrslärm auf den Menschen

Auch zum Thema Lärm gibt es eine Ausführungsvorschrift, die „TA Lärm".

Lärm kann sowohl zu psychischen als auch zu physischen Beeinträchtigungen führen. Solche Folgen sind insbesondere ab einer regelmäßigen Lautstärke von 85 dB(A) möglich.

Zweck, Geltungsbereich und Bestimmungen des Strahlenschutzgesetzes

Im Bereich Strahlenschutz gibt es folgende rechtlichen Regelungen:

- Atomgesetz (AtomG)
- Strahlenschutzvorsorgegesetz (StrVG)
- Strahlenschutzverordnung
- u. a.

Zweck, Geltungsbereich und Bestimmungen zum Schutz vor gefährlichen Stoffen

Rechtliche Regelungen in diesem Bereich finden sich beisielsweise im Chemikaliengesetz (ChemG). Darin wird festgelegt, wann es sich um einen gefährlichen Stoff handelt und unter welchen Voraussetzungen ein Stoff als giftig, ätzend, umweltgefährlich o. ä. einzustufen ist.

EU-Verordnungen zum Chemikalienrecht:

Auch europäische Regelungen zum Chemikalienrecht wurden erlassen, u. a.

- die REACH-Verordnung EG Nr. 1907/2006 (Registration, Evaluation, Authorisation und Restriction of Chemicals) und
- die GHS-Verordnung EG Nr. 1272/2008 (Globally Harmonized System)

6 Produkthaftungsgesetz / Datenschutz

Jeder Hersteller von Produkten hat eine sogenannte Produktverantwortung". Damit ist gemeint, dass er von der Planung des Produkts bis zur Entsorgung in der Verantwortung steht.

Daraus ergeben sich u. a. folgende Verpflichtungen des Herstellers:

- Vermeidung von Konstruktionsfehlern, die zu Schäden führen können
- Ausreichende Information des Verwenders (Bedienungsanleitung)
- Vermeidung von Fehlern bei der Produktion
- Beobachtung des Produkts am Markt, um Fehler zu erkennen, die sich erst bei der Benutzung durch den Verwender ergeben

6.1 Wesentliche Bestimmungen des Produkthaftungsgesetzes

Die Haftung des Herstellers bezieht sich nach § 4 ProdHaftG auf Folgeschäden aus der Benutzung eines Produkts.

Ein Produkt wird wie folgt definiert: bewegliche Sache, auch wenn (nur) Teil einer anderen beweglichen Sache, § 2 ProdHaftG.

Unterschied zwischen vertraglicher und gesetzlicher Haftung

Eine **vertragliche** Haftung kann es grundsätzlich nur zwischen Vertragspartnern geben. Dabei ist jedoch nach §§ 276, 278 BGB ein Verschulden des Vertragspartners oder seines Erfüllungsgehilfen notwendig, der einen Schaden verursacht hat.

Ein Autohändler (bzw. einer seiner Mitarbeiter) füllt bei einem Kundendiensttermin in ein Kundenfahrzeug kein Motoröl ein, es kommt zu einem Motorschaden. Hier liegt ein Verschulden des Händlers vor.

Auch bei einer **gesetzlichen** Haftung nach §§ 823, 831 BGB, Unerlaubte Handlung, ist ein Verschulden notwendig, allerdings ist hier (im Gegensatz zur vertraglichen Haftung) für den Verrichtungsgehilfen eine sogenannte Exculpation, also Haftungsbefreiung, möglich.

6.1 Wesentliche Bestimmungen des Produkthaftungsgesetzes

Spediteur Sicher beschäftigt nur Lagerarbeiter, die einen Staplerschein haben und überwacht die Tätigkeiten auch regelmäßig. Trotzdem fährt Lagerarbeiter Leichtsinn beim Abladen eines Lkws den Passanten Pauly an.

Ergebnis:
Sicher haftet dem Pauly gegenüber nicht, da er Leichtsinn entsprechend ausgewählt und überwacht hat.
Pauly kann nur vom Verursacher Leichtsinn direkt Schadensersatz und Schmerzensgeld verlangen.

§ 1 ProdHaftG (Gefährdungshaftung)

Im Gegensatz zur vertraglichen und gesetzlichen Verschuldenshaftung handelt es sich bei der Produkthaftung nach § 1 ProdHaftG um eine sogenannte **Gefährdungshaftung**.

Das bedeutet, dass der Hersteller auch haftet, wenn ihn kein Verschulden (Vorsatz oder Fahrlässigkeit) trifft.

Die Firma Ach & Krach AG stellt Batterien für Handys her. Aufgrund eines Produktfehlers fängt eine Batterie in einem Handy während eines Telefonats Feuer. Ein privater Nutzer wird verletzt.

Ergebnis:
Neben Ansprüchen aus dem Kaufvertrag und Unerlaubter Handlung liegt hier auch ein Anspruch nach dem Produkthaftungsgesetz vor. Der Hersteller haftet, auch wenn er für den (Folge-)Schaden nichts kann (Gefährdungshaftung).

Haftung für fehlerhafte Produkte

Um einen Schadensersatz vom Hersteller zu erhalten, muss der Geschädigte Folgendes nachweisen:

- einen Fehler des Produkts, § 3 ProdHaftG
- einen eingetretenen Schaden
- und einen Kausalzusammenhang zwischen dem Fehler des Produkts und dem eingetretenen (Folge-)Schaden.

Wesentliche Bestimmungen des Produkthaftungsgesetzes 6.1

Haftungseinschränkungen ergeben sich aus den §§ 10, 11 ProdHaftG. So ist die Haftung bei Personenschäden durch ein Produkt für alle Fälle auf 85 Mio. Euro beschränkt, bei Sachschäden hat ein Geschädigter eine Selbstbeteiligung von 500 Euro, um Bagatellansprüche zu verhindern.

Ausschlussgründe dafür, dass eine Haftung entfällt, ergeben sich aus § 1 (1) S. 2, (2) ProdHaftG.

So haftet der Hersteller beispielsweise nicht, wenn er das Produkt nicht in den Verkehr gebracht hat oder der Fehler nach dem Stand der Wissenschaft und Technik zu dem Zeitpunkt, in dem der Hersteller das Produkt in den Verkehr brachte, nicht erkannt werden konnte.

Der Umfang der Haftung ist wie folgt festgelegt:

Bei Tötung eines Menschen, § 7 ProdHaftG, haftet der Hersteller für versuchte Heilungskosten, den Verdienstausfall, die Beerdigungskosten sowie die Unterhaltsansprüche für die mutmaßliche Lebensdauer.

Bei Körper- und Gesundheitsverletzung, § 8 ProdHaftG hat er für Heilungskosten, Verdienstausfall und Schmerzensgeld zu haften, allerdings, wie schon ausgeführt, nur bis zu maximal insgesamt 85 Mio. Euro.

Bei Sachschäden, § 11 ProdHaftG, letztlich trägt jeder Geschädigte den Schaden bis zu 500 Euro selbst, darüber hinaus haftet der Hersteller unbegrenzt.

6.2 Notwendigkeit und Zielsetzung des Datenschutzes

Die meisten für die Ausbildung relevanten Vorschriften finden sich in der Datenschutz-Grundverordnung (DSGVO) und im Bundesdatenschutzgesetz (BDSG). Daneben gibt es noch Datenschutzgesetze der einzelnen Bundesländer sowie Datenschutzrichtlinien der EU, auf die hier aber nicht weiter eingegangen wird.

Informationelle Selbstbestimmung

Zweck der DSGVO und des BDSG ist nach dem jeweiligen § 1, den Einzelnen davor zu schützen, dass er durch den Umgang mit seinen personenbezogenen Daten in seinem Persönlichkeitsrecht beeinträchtigt wird, da jeder das Recht auf informationelle Selbstbestimmung hat.

Diese Verpflichtung gilt aber nicht nur für „öffentliche Stellen" (staatliche Stellen wie Behörden und Ämter). Vielmehr sind auch „nicht-öffentliche Stellen" (natürliche Personen sowie juristische Personen wie private Firmen) zur Einhaltung des BDSG verpflichtet.

Art. 4 DSGVO definiert verschiedene Begriffe, die im Gesetz vorkommen:

Personenbezogene Daten

Unter personenbezogenen Daten versteht man Einzelangaben über persönliche oder sachliche Verhältnisse einer bestimmten oder bestimmbaren natürlichen Person (Betroffener). Darunter fallen Daten wie Name, Vorname, Geburtsname, Geburtsdatum, Geburtsort, Krankendaten etc.

Durch die DSGVO fallen nun zusätzlich auch Daten wie physische, physiologische, genetische, psychische, wirtschaftliche, kulturelle oder soziale Identität einer natürlichen Person darunter.

Verarbeiten von Daten

Verarbeiten bedeutet u. a. das Speichern, Verändern, Übermitteln, Sperren und Löschen personenbezogener Daten.

Notwendigkeit und Zielsetzung des Datenschutzes 6.2

Grundsätze der Verarbeitung personenbezogener Daten, Art. 5 DSGVO

Personenbezogene Daten müssen u. a.
- auf rechtmäßige Weise verarbeitet werden,
- für festgelegte, eindeutige und legitime Zwecke erhoben werden,
- sachlich richtig und erforderlichenfalls auf dem neuesten Stand sein
- auf das notwendige Maß beschränkt sein.

Rechtmäßigkeit der Verarbeitung, Art. 6 DSGVO

Nach Art. 6 DSGVO ist eine Verarbeitung u. a. dann rechtmäßig, wenn:
- die betroffene Person ihre Einwilligung gegeben hat,
- die Verarbeitung für die Erfüllung eines Vertrags erforderlich ist, dessen Vertragspartei die betroffene Person ist,
- dies zum Schutz lebenswichtiger Interessen der betroffenen Person wichtig ist.

Rechte der betroffenen Person, Art. 12 DSGVO

Nach Art. 12 DSGVO hat der Betroffene das Recht, über die von ihm gespeicherten Daten schriftlich Auskunft zu verlangen.

Das Recht bezieht sich auf die Auskunft über:

- die zu seiner Person gespeicherten Daten,
- deren Herkunft,
- den Zweck der gespeicherten Daten,
- die Weitergabe von Daten an Dritte.

Das Recht auf Löschung ergibt sich aus Art. 17 DSGVO.

Datenschutzbeauftragter, Art. 37-39 DSGVO

Entgegen der bisherigen Regelung ist die Bestellung eines Datenschutzbeauftragten nicht mehr von einer bestimmten Anzahl von (zehn) Personen, die Zugriff auf die Daten hat, abhängig. Entscheidend ist nunmehr, ob die Kerntätigkeit in der Durchführung von Verarbeitungsvorgängen besteht.

Der Datenschutzbeauftragte kann auch ein Externer, also kein Mitarbeiter des Unternehmens, sein.

6.2 Notwendigkeit und Zielsetzung des Datenschutzes

Der Datenschutzbeauftragte wird aufgrund seiner beruflichen Qualifikation und insbesondere des Fachwissens benannt. Zu seinen Aufgaben gehört nach Art. 39 DSGVO u. a. die Beratung des Verantwortlichen und die Zusammenarbeit mit der Aufsichtsbehörde.

Informationspflicht bei Erhebung von personenbezogenen Daten bei der betroffenen Person, Art. 13 DSGVO

Art. 13 DSGVO legt fest, dass u. a. Zweck, Verarbeitung, Nutzung und Name sowie Kontaktdaten des Verantwortlichen, dem Betroffenen zum Zeitpunkt der Erhebung dieser Daten mitzuteilen sind.

Technische und organisatorische Maßnahmen

Die Art. 24 und 32 DSGVO verpflichten den Verantwortlichen dazu, geeignete technische und organisatorische Maßnahmen zu ergreifen, um sicherzustellen und den Nachweis dafür zu erbringen, dass die Verarbeitung gemäß der DSGVO erfolgt. Dabei ist ein „angemessenes Schutzniveau zu gewährleisten", wobei u. a. die Eintrittswahrscheinlichkeit und die Schwere des Risikos für die Rechte und Freiheiten natürlicher Personen zu berücksichtigen sind.

Im Unternehmen ist eine Antivirensoftware zu installieren und durch Schulungen der Mitarbeiter auf den korrekten Umgang mit personenbezogenen Daten hinzuweisen.

Videoüberwachung

Eine Videoüberwachung ist in privaten Bereichen (Läden, Firmen etc.) unter folgenden Voraussetzungen erlaubt, Art. 32 DSGVO:

Die Videoüberwachung muss vorher beispielsweise mittels eines Schildes angekündigt werden. Es darf kein schutzwürdiges Interesse des Betroffenen überwiegen (z. B. Videoüberwachung in einer Toilette) und es muss ein Grund vorliegen, beispielsweise Überwachung zur Einhaltung des Hausrechts.

Um den Handel mit Betäubungsmitteln zu unterbinden, lässt Diskothekenbetreiber Eigennutz in der Damentoilette eine versteckte Videoüberwachungsanlage installieren. Dies ist nicht zulässig.

Notwendigkeit und Zielsetzung des Datenschutzes 6.2

Strafvorschriften im StGB

Im Strafgesetzbuch sind Verstöße gegen die datenschutzrechtlichen Vorschriften gesetzlich geregelt. Im Einzelnen sind das:

- Verletzung der Vertraulichkeit des Wortes, § 201 StGB
- Verletzung des höchstpersönlichen Lebensbereichs durch Bildaufnahmen, § 201a StGB
- Verletzung des Briefgeheimnisses, § 202 StGB
- Ausspähen von Daten, § 202a StGB

Haftung und Sanktionen

Art. 82 DSGVO, Haftung und Recht auf Schadensersatz, legt fest, dass jede Person, der wegen eines Verstoßes gegen diese Verordnung ein materieller oder immaterieller Schaden entstanden ist, Anspruch auf Schadenersatz gegen den Verantwortlichen oder gegen den Auftragsverarbeiter hat.

Geldbuße

Nach Art. 83 DSGVO, Allgemeine Bedingungen für die Verhängung von Geldbußen, können Verstöße gegen die Verordnung mit Bußgeldern geahndet werden, je nach Art und Schwere des Verstoßes bei Unternehmen mit Bußgeldern bis zu 20.000.000 Euro oder 4 % des vorangegangenen Jahresumsatzes – je nachdem, welcher Betrag höher ist.

Bußgeld, Strafvorschriften

Neben den vorgenannten Vorschriften sind auch im neuen BDSG Sanktionen festlegt.

§ 42 BDSG droht für Verstöße Geld- und Freiheitsstrafen bis zu drei Jahren an, wenn man gewerbsmäßig nicht allgemein zugängliche personenbezogene Daten einer großen Zahl von Personen, ohne hierzu berechtigt zu sein,
1. einem Dritten übermittelt oder
2. auf andere Art und Weise zugänglich macht.

Ordnungswidrig handelt nach § 43 BDSG, wer vorsätzlich oder fahrlässig
1. entgegen § 30 Absatz 1 ein Auskunftsverlangen nicht richtig behandelt oder
2. entgegen § 30 Absatz 2 Satz 1 einen Verbraucher nicht, nicht richtig, nicht vollständig oder nicht rechtzeitig unterrichtet.

7 Stichwortverzeichnis

A

Abmahnung 37, 38
Abwasserabgabengesetz 95
Abwasserverordnung 95
Allgemeines
Gleichbehandlungsgesetz 15, 20, 32
Beschwerderecht 32
Schadensersatz 32
Änderungskündigung 40
Anfechtung 21
arglistige Täuschung oder Drohung
.... 20
Anfechtung wegen Irrtums 19
Arbeitgeber, Rechte und Pflichten 30
Arbeitnehmer, Rechte und Pflichten
.... 30
Arbeitnehmerüberlassung 25
Arbeitsgericht 58
Arbeitskampf 49
Arbeitslosenversicherung 71
Arbeitslosenversicherung (SGB II, III) 64
Arbeitsschutz 77
Schadensersatz bei Arbeitsunfällen
.... 82
Verantwortung 80
Arbeitsschutzausschuss 87
Mitglieder 87
Arbeitsschutzgesetz 78
Arbeitssicherheit 78
Arbeitssicherheitsgesetz 86
Arbeitsstättenrichtlinien 88
Arbeitsstättenverordnung 88
Arbeitsunfall
Haftung bei 82
Arbeitsvertrag 17
Arten 21
Beendigung 35
Befristung 18
Mängel 19

Mitwirkung der Arbeitnehmervertretung beim Abschluss 17
Nichtleistung 33
Rechtsgrundlagen 13
Schlechtleistung 33
Schriftform 18
unbefristet 21
Zustandekommen 17
Aufhebungsvertrag 35
Aufsichtsrat 51
Ausbildungsverhältnis 24
Aushilfsarbeitsverhältnis 25
außerordentliche Kündigung 35
Aussperrung 49, 50

B

Befristung/Zweckerreichung 35
Berufsgenossenschaft 90
Berufung 60, 63
betriebliche Übung 15
Betriebsarzt 86
Betriebsausschuss 54
Betriebsrat 51
Aufgaben 54
Freistellung 56
Kosten 55
Organe 54
Religionsgemeinschaften 56
Tendenzbetriebe 56
Wählbarkeit 56
wahlberechtigt 54
Wahlverfahren 56
Betriebsratswahl 56
Betriebsvereinbarung 57
Betriebsversammlung 55
Bundesarbeitsgericht 58
Bundesdatenschutzgesetz 102
Bundesimmissionsschutzgesetz .. 97
Bundessozialgericht 62, 63
Bürgerliches Recht 13

106

C

CE-Kennzeichnung 89
Chemikaliengesetz 98

D

Datenschutz 99
Notwendigkeit und Zielsetzung .. 102
Drei-Wochen-Frist 43
Drittelbeteiligungsgesetz 52
Duales System 77

E

Einigungsstelle 53
einseitige Willenserklärung 35
Entgeltfortzahlung im Krankheitsfall
.... 25, 29
EU-Recht 15

F

Fachkraft für Arbeitssicherheit 86, 87
faktischen Arbeitsverhältnis 21
Faktisches Arbeitsverhältnis 21
Freier Mitarbeitervertrag 25
Fristlose Kündigung 40

G

Gemeinlastprinzip 94
Gesamtbetriebsrat 54
Geschäftsfähigkeit 19
Geschäftsfähigkeit, beschränkte.. 19
Gewerbeaufsicht 77, 90
Gleichbehandlung 32
Grundgesetz 13
Günstigkeitsprinzip 16

I

Individualarbeitsrecht 15

J

Jugend- und
Auszubildendenvertretung 54

K

Koalitionsfreiheit 47
Kollektivarbeitsrecht 15
Konzernbetriebsrat 54
Kooperationsprinzip 94
Krankengeld 68
Krankenversicherung (SGB V)... 64, 65
Kreislaufwirtschaftsgesetz 96
Kündigung 35
Anhörung Betriebsrat 52
außerordentliche 35
Auszubildende 36, 42
betriebsbedingt 36
Betriebsrat 42
ordentliche 35
personenbedingte 38
Schriftform 18
Schwangere 41
Schwerbehinderte 42
verhaltensbedingt 37
Zugang 43
Kündigungseinspruch 43
Kündigungsschutzgesetz (KSchG)
.... 36
Anwendbarkeit 36
Kündigungsschutzklage 43, 60

L

Landesarbeitsgericht 58
Landessozialgericht 63

M

Mitbestimmungsgesetz 52
Mitbestimmungsgesetze 51
Mitbestimmungsrechte 52
Mitwirkungsrechte 51
Montanmitbestimmungsgesetz
(MontanMitbestG) 52

7. Stichwortverzeichnis

N
Nachweisgesetz 18

O
öffentliches Recht 14
Ordentliche Kündigung 35

P
parteipolitische Betätigung, Verbot 53
Pflegeversicherung (SGB IX) 69
Pflichten des Arbeitgebers 30
Pflichten des Arbeitnehmers 30
Probearbeitsverhältnis 24
Produkthaftungsgesetz 99

R
Rangprinzip 16
Rechte des Arbeitgebers 30
Rechte des Arbeitnehmers 30
Rechte und Pflichten nach Beendigung des Arbeitsverhältnisses 45
Rechtsfähigkeit 19
Rechtsgrundlagen 13
Rentenversicherung (SGB VI) 70
Revision 58, 63

S
Schlichtung 50
Sicherheitsbeauftragter (SiB) 87
Sozialauswahl bei Kündigung 36
Sozialgericht 62, 63
Sozialversicherung 64, 66
Arten 64
Finanzierung 65
Selbstverwaltung 66

Spezialitäts- und Ordnungsprinzip 16
Streik 49, 50

T
Tarifautonomie 47
Tarifbindung 47
Tarifpartei 47
Tarifvertrag 47
Allgemeinverbindlichkeit 47
Teilzeitarbeitsverhältnis 23

U
Umweltschutz 93, 94
Umweltschutzprinzipien 94
Umweltstraftaten 81
Unbefristeter Arbeitsvertrag 21
Unfallversicherung (SGB VII) 74
Urlaub 27, 28
Jugendliche 27
Schwerbehinderte 27

V
Versicherungsträger 64
Vertragsfreiheit 17
Verursacherprinzip 94
Vorsorgeprinzip 94

W
Wasserhaushaltsgesetz (WHG) ... 95
wilder Streik 49

Z
Zeugnis 43, 44
Zivilrecht 13, 14
Zustimmung des Betriebsrates ... 17, 56
Neueinstellung 17

**Lehrbuch
Industriemeister**
Grundlegende Qualifikationen
Band 2: Betriebswirtschaftliches Handeln

ISBN 978-3-96155-026-5
€ 36,95

**Lehrbuch
Industriemeister**
Grundlegende Qualifikationen
Band 3: Zusammenarbeit im Betrieb

ISBN 978-3-96155-150-7
€ 36,95

**Gesetzessammlung für
Industriemeister**
Grundlegende Qualifikationen
Ausbildereignungsprüfung gem. AEVO

ISBN 978-3-96155-152-1
€ 19,95

Weiterbildung geht heute anders.

MISSION: WEITERBILDUNG.

Bilden Sie sich weiter zum:
- Betriebswirt
- technischen Betriebswirt
- Wirtschaftsfachwirt
- Industriefachwirt

Informieren Sie sich jetzt unter:
www.mission-weiterbildung.de

MISSION: MEISTER.

Bereiten Sie sich einfach, bequem und erfolgreich direkt online auf Ihre Meisterprüfung vor:
- Industriemeister Chemie
- Industriemeister Metall
- Industriemeister Elektrotechnik
- Logistikmeister

Informieren Sie sich jetzt unter:
www.mission-meister.de

V | H | Z
Verlagshaus Zitzmann

Erfolg in der Prüfung beginnt mit der richtigen Literatur. Bei uns finden Sie:
- Lehr- und Übungsbücher (auch als eBooks und Hörbücher)
- digitale Karteikarten

Informieren Sie sich jetzt unter:
www.verlagshaus-zitzmann.de